रंगसाज की रसोई

अरुण कमल

वाणी प्रकाशन

प्रकाशन के उत्कृष्टतम 61 वर्ष

vaniprakashan.com

पेपरबैक पहला संस्करण : 2024

वाणी प्रकाशन

4695, 21-ए, दरियागंज, नयी दिल्ली-110 002

फ़ोन : + 91 11 23273167, 23275710

शाखाएँ

अशोक राजपथ, पटना-800 004, बिहार

कॉफ़ी हाउस कैम्पस, महात्मा गांधी मार्ग, प्रयागराज-211 001, उत्तर प्रदेश

महात्मा गांधी अन्तरराष्ट्रीय हिन्दी विश्वविद्यालय, वर्धा-442 001, महाराष्ट्र

sales@vaniprakashan.in
vaniprakashan@gmail.com

Rangsaaz Ki Rasoi
by Arun Kamal

ISBN : 978-93-6287-170-1

Poetry Collection

मूल्य : ₹ 295

रेप्रो इंडिया लि., मुम्बई - 400 013 में मुद्रित

वाणी प्रकाशन का लोगो मक़बूल फ़िदा हुसेन की कूची से

पितृस्थानीय
बाबू धर्मदेव सिंह
की स्मृति में

रंगसाज की रसोई

कविताएँ (2019-23)

एक आवाज जो लोरी है
और प्रभातफेरी भी

अनुक्रम

सुराग

हर हत्यारा छोड़ जाता है अपने सुराग
कविता के पन्नों में—
तलवों के छाप उँगलियों के भँवर खून सने कपड़े
और चाकू,
सब कुछ धुल जाये छुट जायें सारे दाग
इतिहास समाजशास्त्र ज्योतिष विधान धर्मशास्त्र
जब दे दें दगा
कहीं से कोई खबर नहीं
पूछताछ की सारी खिड़कियाँ बन्द
बस एक गश्ती गाड़ी धौंकती
और भर्राता ऐलान–
एक लड़का खो गया है जो आसमानी कमीज
और हवाई चप्पल पहने है और जिसकी ललाट पर कटे का निशान है–
जब कहीं कोई उम्मीद नहीं
तब कविता के पन्ने खोलो शीर्ण, और रक्खो शलाका

सब मिलेंगे वहाँ
वे सारे निशान वे हत्यारे और वे सब जो
गुम हुए मारे गये   जैसे थे वैसे ही अजर,
ऐसी कोई वारदात नहीं जिसका यहाँ ब्योरा तफ्तीश नहीं
हर जन्म हर मृत्यु हर प्रणय की पंजिका—
इस जिन्दगी इस मौत इस खून का गवाह चश्मदीद
आँसू की पहली बूँद खून का आखिरी कतरा अन्तिम खोखली साँस !

याद

मेरे खून में किसी भी खाने की याद नहीं
न मेरी साँसों में बची है याद सुबह की हवा की
किसी भी तारे की याद नहीं आँखों में
पर गूँजता है गुम्बद में तड़फड़ाता कोई शब्द–कपोत कोई ध्वनि-भँवर
मायावी कोई प्राचीन खण्डहर
जिसे ध्यान से देखने पर उठता है स्थापत्य-अस्तर
और हवाओं के चोररास्ते

बहुत पुरानी होगी यह जर्जर मिट्टी
पर दूब अभी हाल की है,
जलाशय को याद नहीं किसी भी जल की
न यही कि वह कभी आवास था जल का

हर नयी इमारत के स्वप्न में आते हैं पूर्वज
एक खण्डहर एक प्राचीर सूखी नदी के तट पर
एक भवन चमगादड़ों की गन्ध से रुद्ध—
ढिबरी सँभालती झोंपड़ी भी ज्यादा प्राणवान है
भग्न प्रासाद से–
इस धरती इस समुद्र में अब भी कहीं न कहीं राख है
हर गुजरे इन्सान की हड्डियों की याद–
किस बौद्ध संग्रहालय में देखी थी वो वंशी
जो जाँघ की हड्डी से बनी थी ?

पर अभी मेरी जाँघ की हड्डियों को कुछ भी याद नहीं
वे जंघाएँ कदली गजशुण्ड
कुछ भी
कुछ भी याद नहीं
पिछले साल कैसा था आज का दिन यह भी
याद नहीं
कुहासा भरता जा रहा है लगातार
सब कुछ सरकंडे के गूदे में बन्द
कोई गला घोंट रहा है
कट रही है साँस
मेरे खून को दक्खिनी हवा की याद...

खेल

(बोरिस बेकर से प्रेरित)

जब वह सीढ़ियाँ उतरा मजबूत आतुर टाँगों से
और अन्दर घूम मुड़ा बाहर की ओर तब तक ग्रिल बन्द हो चुका था और वह
बिलकुल अकेला था सेल में–
सब कुछ खत्म हो चुका था
वैसा ही अकेलापन था वैसी ही ठण्ड जैसी प्रलय के बाद
मनु की।
जिसने तीन तीन बार दुनिया जीती
जिसके लिए दुनिया की टकसालें चलीं ओवरटाइम
और जिसकी रातें दूसरों की नींद में बीतीं
उसने पाया कि वह सारा कुछ खो चुका है
इतना अकेला, बेकार, एक टूटा हुआ रैकेट
स्टेडियम के बाहर गिरी गेंद।
पहली बार उसने जानी भूख
पहली बार यह एहसास कि यह कलाइयों का दम
कितना भंगुर है बिना अन्न के,
तब उसने जाना भात आलू और चटनी का स्वाद–
सारी ताकत पदक पैसा शोहरत ग्लैमर सबसे ऊपर था
भाप भरा भात और सिंका हुआ आलू नमक।
उस अकेलेपन में उसने जाना कि जिसके अभ्यस्त होते हैं हम
वो सब कितना दुर्लभ है

वो छोटी से छोटी चीज वो स्पर्श वो बस आँख की कोर से देखना वो पुकार
वो कन्धे पर धौल वो
शीतल लौ में सफेद मुलायम चादर–अन्त में तुम एक जानवर की तरह जीते हो,
नहीं उससे बदतर क्योंकि तुम दूसरों पर आश्रित हो अगले निवाले के लिए
सींकचों में बन्द।
तब पहली बार तुम्हें लगता है अपना शरीर भी सुख नहीं देता अकेले, पर उसे
चाहिए सुख–
जो टाँगें सबसे बड़े सबसे हरे मैदानों के लिए बनी थीं वे अब
बन्दी थीं फीतों से कसे बूटों के बाहर।
तब उसने जाना कि कैसी है दुनिया और कैसे कैसे लोग–पेशेवर हत्यारे, दरिन्दे,
भाड़े के खूनी, खूँखार नशेड़ी
और यह भी कि कोई तुम्हें अचानक मार सकता है बेवजह
और यह भी कि ऐसे भी लोग होंगे जो तुम्हें बचा लेंगे दौड़कर
और आखिर में सब साथ होंगे जन्मदिन का केक काटते दोस्त और दुश्मन।
जिसका नाम कभी सबकी जबान पर था वह एक नम्बर में बदल गया था–
वही उसकी पहचान थी और उसे लगा
जैसे-जैसे तुम्हारी आजादी घटती जाती है
तुम महज एक नम्बर एक आँकड़े में बदलते जाते हो–बारह अंक या कम या
ज्यादा–या शून्य

और जब छूटा तब सबसे पहले उसने एक कस्बे में बियर पी एक ढाबे में,
जिन्दगी की सबसे स्वादिष्ट बियर!
जिन्दगी में कब क्या हो कोई नहीं जानता
या तो तुम पुंग जाते हो सौ पर जैसे लूडो के खेल में, या अन्ठानबे छू वापिस
आ जाते हो डँस कर दो पर और फिर से शुरू वही खेल जिसे जीतते जीतते
तुम हार गये थे।

यहाँ जिन्दगी के खेल में कोई हार जीत नहीं होती
तुम बस अपनी दौड़ दौड़ते हो जितना दौड़ सको–
अचानक मिट्टी धँसेगी और तुम गिरोगे भहराकर

लील लेगी धरती   बाकी बस एक गुबार–
नीचे कितनी बारूदी सुरंगें बिछी हैं तुम्हें क्या पता!
कल तक सब कुछ था आज कुछ भी नहीं
हर क़दम पर चल रही है मौत उल्टे पाँव।

दुनिया को सिर्फ ऐसे ही नहीं देखो जैसे पहली बार देख रहे हो
दुनिया को ऐसे भी देखो जैसे आखिरी बार देख रहे हो–
टपकती हुई शहद की बूँद जीभ पर लोक लो।

निष्कासन

निकलो बाहर, उसने ढकेलते हुए कहा और
किवाड़ भिड़ा लिए।
रात थी ठण्ढ और शीत से भारी, सड़कें खाली, खिड़कियाँ बन्द
कहाँ जाऊँगा अनजान शहर में इस रात
खड़ा रहा कुछ देर देखता वह दरवाजा जो अभी तक
मेरी ओट था अँधेरे ठण्ढे अनजान संसार में;
मैं एक तरफ मुड़ा, नहीं मालूम किधर–
ऐसी रात और ठण्ढ में भी मिल जाते हैं कुछ कुत्ते बीच सड़क पर खेलते
कुछ भिखमंगे खानाबदोश कुछ मनमौजी छोकरे एकाध औरतें बिजली खम्भों
की ओट में
रात के नागरिक
मैं वहीं बैठ गया जहाँ ईंट के चूल्हे में लकड़ी की आँच थी–
आग से कितनी नज़दीकी है देह की–
अचानक मैं सड़क पर आ गया था
अचानक आराम और गरमाहट से बाहर
अचानक मेरे लिए कोई जगह नहीं संसार में
कूड़े के लिए भी होती है जगह पर मैं गिर पड़ा हूँ पृथ्वी से छूट कर असीम
हिम अन्धकार में
मेरा जीना मेरा मरना सब दूसरों का खेल
मैं उखड़ा हुआ दाँत   मैं अनचाहा गर्भपात

इतना घना कुहासा इतना अन्धकार
रात का वो पहर जब सबसे ज्यादा होती है रात
अँधेरे के बीजों से भरी हुई रात
और मैंने मौत का पहला स्वाद चखा–
उस सूखे कुँए के पास बस याद रह गयी है जल की
और एक नागिन का जहर !

जो देश मुझे इतना प्यारा था

वहाँ इतनी धूल है पत्तों पर मानों बरसों से बारिश नहीं हुई,
और रात में भी रौशनी और हलचल से भरे वे रास्ते इतने स्याह सुनसान
जैसे सालों से कभी कोई आया नहीं,
दरवाजे इस तरह बन्द मुँड़ेर और छतें अँधेरी जैसे कर्फ्यू लगा हो,
कभी कभी लगता है मेरी आँख कमजोर हो रही है
कोई जाला मुझे घेरता जा रहा है
लेकिन जब अचानक कोई दिखता है पुराना
और उसे नाम ले पुकारता हूँ वह बढ़ जाता है कदम तेज करते बिना ताके
जैसे कि बदल गया हो उसका नाम या कि कोई प्रेत

टूट चुके हैं पुराने शिवाले अश्वत्थ और देवीस्थान
एक विशाल गुम्बद है चौंध और शोरों से गूँजता
वहीं बस गया है देवों का नया नगर–
कहाँ होगी शिवमणि जिसने देह के पहले स्पर्श पर कहा था वह संन्यासिन बनेगी
उसे जब भी देखता भीतर से छोटा महसूस करता आठ उँगलियाँ अँगूठियों से कसे,
घूमता फिर रहा हूँ गलियों तिराहों से
अब कहीं भी न तो टमटम हैं न बैलगाड़ियाँ न रिक्शे न धूल वाले रास्ते
फिर भी इतनी धूल है चारों तरफ

आख़िरी बस सात बजे जाती है
मुझे अभी अपना पहला स्कूल देखना है
बाज़ार के पीछे आम के बगीचे के किनारे
लेकिन अब वहाँ कुछ नये बने उदास कमरे हैं और मेरे बचपन के टूटे धँसे खपरैल एक ओर,
मेरे साथी चुपचाप गुजर गये या बदल ली जगह–
कोई अब वहाँ नहीं मरता जहाँ जन्मा
हमारी मिट्टी दूर की मिट्टियों की खाद है–
एक हरि रह गया था पुश्तैनी दुकान सँभालता
मैं गया वहाँ और उसे देखकर खुद अपनी देह पर ग्लानि हुई
जिसे तुम नये में देख चुके हो उसे कभी बाद में मत देखना–
एक पवन चक्की एक नया टावर बदल देता है सारा भूदृश्य
धीरे धीरे हर सड़क जमीन से दूर उठती जाती है–
एक देह में कितनी देहें हैं

अन्तिम बस सात बजे होगी
वही पुरानी बस उसी पुराने वक़्त पर नयी सवारियों से भरी
पक्की सड़क पर–
भूल जाओ पितृ वृक्ष को ओ पतित फल!

दुःख

(जो खो चुका है घर उसके लिए)

जब भी कोई घर खाली होता है
मुझे दुःख होता है
जब भी कोई तम्बू उखड़ता है दुकान उठती है
या भिखारी छोड़ते हैं ठिकाना–
धुएँ से झँवाईं ईंटों उखड़े खम्बों के गढ्ढों
टूटे प्याले छूटी सुराहियों को देख दुःख होता है
बन्द दरवाजों वाले मुहल्लों सुनसान ढलानों
चाँदनी रात में अपनी ही परछाइयों पर नाचते कुत्तों
को देख कर दुःख होता है

किस किस का शोक करूँ
क्या क्या खोने का
फूँक आया पूरी बस्ती
बची नहीं मुट्ठी भर राख भी

क्या इस धरती पर जगह कम पड़ रही है
क्या हमारी रसोई में अन्न कम पड़ रहा है
क्या करेगा मेरी देह में खून बच कर
जब वो बच्चा ही झुक जायेगा ज्वर से तप कर?
किसका बच्चा था वो?

मै झड़ चुके दाँतों वाला मुख
बिना रोशनी की आँख
खण्डहर बनता एक घर
एक परती खेत ऊसर।

हम इतना नीच क्यों हो रहे हैं इतने स्वार्थी
हम ऐसे तो न थे बाबा दधीचि ?

पवित्रता

(एक कामगार स्त्री के लिए)

तुम्हारे लिए सबसे जरूरी है वह स्त्री
जो अभी अभी रोटियाँ सेंक कर
रख गयी है रात की खातिर,
जो अभी अभी उतरी है सीढ़ियाँ ,
गलियों के अँधेरों से होती जो
जा रही होगी अपनी अँखमुँदी कोठरी में

कल जब वह आयेगी फिर
कई पसीनों से भींगी पूछना मत कुछ

जिसने तुम्हें रात की रोटी दी
जिसने तुम्हारे खाली पेट को बसाया
जिसने घर को रोशनी दी शाम की
वह सबसे पवित्र है सबसे धवल

मुझे वो गुलाब लगा ज्यादा सुगन्ध भरा
जो कई कई साँसों से भींगता मुझ तक आया।

हर सुख कारागार

(एक कामगार के लिए जो शराब के वास्ते जेल गया)

किसी ने कन्धा दबोचा
और वो तिलमिलाती घूँट कण्ठ में अँटक गयी

उसने सोचा भी नहीं था कि
यह छोटा सा सुख भी
अपराध हो सकता है
अपनी ही चौखट के भीतर
अपनी ही देह अपनी ही आत्मा का सुख
अपराध

हर सुख अपराध है हर सुख पाप
भूख प्यास तृष्णा पाप
अन्न जल इन्द्रियाँ अभिशाप
यह देह भी अपराध है पाप का आगार
पुण्य है देह को तपाना तुम्बे-सा सुखाना
दहकते अंगार को राख में बदलना

कौन तै करेगा मेरा स्वाद मेरा त्रास
कौन तै करेगा यह जीवन किसका ग्रास

हल्की रोशनी में अपने ही बरामदे में
शरद की उठती हुई रात में यूँ अकेले बैठना अपराध–
रातरानी का गाछ जहाँ अँटका रह जाता है एक नाग
गन्ध से मत्त

आज दिन भर वह कितना थका था ठेले खींचता
पुरानी गोदाम की पत्थर-ईंटों पर
कितना सुखाया था शरीर, जला कर राख

हर सुख एक कारागार।

धनतेरस की रात

(एक दिहाड़ी कामगार के लिए)

आज कोई तुम्हें पगार नहीं देगा उधार भी नहीं कर्ज़ भी नहीं
आज इस रात न सोना न चाँदी न ताँबा
पीतल भी नहीं इस रात
राजा यम के लिए एक दीप भी नहीं दक्षिण दिशा में
कोई पुराना बचा दीया पार साल का–वो भी नहीं
तुम्हारे पास इस रात

कोई बात नहीं
आज कुछ खाली हैं मैदान और रास्ते
हवा ओस से भारी दरवाजे बन्द बुझते यमदीप
कड़ाहों से उठती शक्कर घी की गर्म गन्ध

आगे रात है अन्धेरी
अमावस चन्द्रहीन।

समुद्र और मनुष्य

पहली बार गया था मुम्बई और घंटों देखता रहा समुद्र
फिर भी लगता रहा कुछ नहीं देखा, अजब छटपटी थी।
चलते चलते एक अट्टालिका दिखी और फाटक पर चौकीदार
ठहर गया, और रश्क से पूछा–तुमको तो बड़ा अच्छा है यार
दिन रात समुद्र देखते हो!
उसने नजर उठायी–समुद्र? हाँ! थक गया हूँ खटते खटते
इतने कम पगार में, दूर एक खोली है और परिवार गाँव में
बिहार

फुटपाथ पर पड़ा था एक सुंदर फूल पेड़ से गिर कर कुचला।

आज रात वह कहाँ सोयेगा

बाकी दिन तो सड़क थी मैदान था
पर आज ?

कहाँ सोयेगा आज वह
बारिश लगातार हो रही है
रात की बारिश और भी गम्भीर
वह कहाँ सोयेगा

अपना बिस्तर काँख में दबाये
सोच रहा होगा
आज वह कहाँ सोयेगा

सब अपने घरों में बन्द
बल्ब की धूप में
आवाजें आ रही हैं
खाने की झगड़ने की
कोई औरत की, खिलखिलाने की
खामोशी बत्तियाँ बुझने की

आज वह कहाँ सोयेगा

उमर

एक उमर होती है जब कोई खबर मिलती है और
उस रोज चूल्हा नहीं जलता
कोई खबर मिलती है और
हाथ का कौर छोड़ हम उठ जाते हैं
एक उमर होती है जब ये खबरें लगातार आती हैं
सुबह काग के बैठने से रात कुत्तों के रोने तक
और हम चुप सुनते रहते हैं
बाढ़ का पानी चढ़ता आता है।
एक उमर होती है जब कोई चीज हमें एक जगह स्थिर
बैठने नहीं देती
उन्हीं रास्तों गलियों मुँड़ेरों
की तरफ हम भागते बेचैन जैसे अँगारे हों तलवों के नीचे।
एक उमर होती है जब बारातों दावतों की धूम होती है
और हम निकालते हैं अपनी साफ कमीजें जिनका एक बटन
अक्सर टूटा मिलता है छाती पर
और इत्र और इतने लोग साँसों पर साँसें।
एक उमर होती है जब खबर आती है
मानो कोई दरवाजा पीटता हो कि
गाड़ी तैयार है

और हम हाथ देते हैं—
रुको ठहरो बस कपड़े बदल लूँ।
एक उमर आती है जब यह देह—
शहद की एक ठिठकी बूँद भंगुर —
हारता जीवन, ग्राह खींचता बीच भँवर
और मैं पुकारता हूँ जो खड़े हैं दूर तट पर—
उन सब फूलों का आभार जिनसे बनी थी यह काया।

हम साथ रहते थे

उसको तब से जानता हूँ जब वह छोटा था
और मैं किशोर।
हम एक ही मकान में रहते थे ऊपर नीचे। किराएदार।
अब तो मैं भी साठ पार कर चुका और वह भी अधबयस।
जब भी उधर से गुजरता चलते चलते हाथ हिलाता। वह भी बैठे बैठे।
उसकी दूकान थी छोटी सी।
पर आज वह बाहर आया और पुकारा
हाथ दे बुलाया और मैं सामने तिपाई पर बैठ गया।
उसने चाय को पूछा। मैंने मना किया।
दीदी गुजर गयीं, उसने अचानक कहा।
कैसे? बस ऐसे ही, सोईं तो फिर जगीं नहीं।
और रत्ना बहन भी। वह तो अकेली ही थी।

मैं उठा। बाहर आया।
लगा उस जमीन की तरह जिसकी मिट्टी काढ़ ली गई हो,
खोखल।
लेकिन उसने मुझे यह सब क्यों कहा? बुलाकर।

कभी हम साथ रहते थे एक ही मकान में।

दुविधा

अब जब मुहूर्त आ गया है तब क्यों मेरा मन पीछे हट रहा है
क्यों यह जानने के बाद–

मैं कितना निश्चिन्त था उसके साथ उसके म्यान में बन्द
और वह भी खोल के अन्दर हरे दाने सा आर्द्र सुरक्षित
सृष्टि के सारे उपमान मैंने याद किये उसके साथ
और धुनता फिरा हवा हवा को
लगा हम परे हैं देश के काल के हर गुरुत्वाकर्षण की पहुँच से बाहर
हम ओस थे हम भोर थे हम सृष्टि के पहले जल

अब यह दुविधा क्यों ?
क्यों यह जानने के बाद कि उसका परिवार भी शरीक था
उस हत्याकाण्ड में? उसका बाप उसका भाई!
क्यों बस इतना जानने भर से ऐंठने लगे हैं मन के लौह बुरादे दिशा बदलते
और उठती हुई देह ढह रही है बार बार
मेरे कलेजे को फाड़ती यह कौन सी छड़ ?

वह क्या कहेगी? कैसा लगेगा उसे?
जैसे जलाशय किनारे शान्त निश्चिन्त बैठा हो पक्षी

कि पीछे से कोई सहसा दबोच ले–
मैं वे आँखें देख रहा हूँ बाहर को अडिग, भीतर को झुकतीं !

मैंने समझा था यहाँ मिलेगी अन्तिम शान्ति शाम का जलाशय स्थिर द्वन्द्वहीन
अब लगता है हर सम्बन्ध एक छत है अंगारों की छत !

तलाश

मैं तुम्हारे साथ नहीं जा सकती
कर्ज इतना चढ़ गया है कि उम्र बीत जायेगी चुकाते चुकाते
माँ के रोग में लेना पड़ा फिर आदमी का काम भी बन्द था
न माँ बची न आदमी ही साथ रहा
अब तो दोनों बच्चे भी समझो बन्धक ही हैं यहाँ–
रास्ता क्या है
दिन रात खटती हूँ बच्चे भी लगे रहते हैं
न कहीं आना न जाना बहुत हुआ तो मालकिन के साथ फूलडोल टाँगे मन्दिर तक
बस पेट पोसा रहा है   देह भी कहने भर अपना है

बोलो मैं क्या करूँ
जानती हूँ तुम सँभाल लोगे
देह हाथ ठीक है तो कहीं भी गुजर हो जायेगा
पर निकलूँ कैसे, वो बच्चों को साथ निकलने नहीं देती
और मैं उन्हें छोड़ नहीं सकती
देह का नाता ग़ुलामी से बढ़कर है कैसे तोड़ दूँ
तुम्हारा भी तो अब कोई नहीं महामारी के बाद–
हम दोनों तालाबन्द घरों की छत से ताक रहे हैं एक दूसरे को–
कितने दिन और देखें, यह खोह कभी भरेगा नहीं
गहरा होता जायेगा अन्दर अन्दर और एक दिन बैठ जायेगा मुझको लिए दिए–
फिर बच्चों का क्या होगा नहीं जानती

लड़का तो कुछ न कुछ कर लेगा, उसकी ज्यादा फिकिर नहीं
लेकिन बेटी की चिन्ता है, इन लोगों का ज़रा भी भरोसा नहीं
यही सोचती हूँ
तुम पर एतबार है फूल पत्ती से लेकर पालदारी भी कर लोगे
लेकिन मैं तो नधी हुई भैंस हूँ
पूरा जीवन रेहट घूमते रहो उसी में
सूखे कुँए के चारों तरफ

चलूँ, मालकिन आती होगी, तुमको भी अभी बहुत काम बाकी है–
यह गुलाब कितना लाल है–
नहीं फूल मत दो पता चल जायेगा
नहीं, फूल तो छुपा लूँगी पर सुगन्ध का क्या करूँगी मेरे सुग्गा ?

बदलाव

तब वो ठिठक जाता है एकबारगी
कोई बिल्कुल नयी शाख देख।
इस पकी उम्र में भी यह कैसी तृष्णा है
यह कैसा क्षोभ है रक्त का—
आग देखते सुलगने लगते हैं
दीवार पर सूखते पतले उपले,
इस पकठाए भुट्टे में याद है बाकी
कच्चे दूध की

कितना बदल गया है साठ सालों में सब कुछ
फिर भी वही तट है, जो उबड़ खाबड़ पंकिल था पहले
वो अब पक्का, चबूतरों चैत्यों वाला तट,
वही गंगा अब भी वही गंगा
अब भी वही गंगा
वही एक बूँद पवित्र सनातन

इस सूखती निर्जला नदी को देख मत सोच
वह मृत है,
कभी अचानक एक सुबह देखोगे उफनती वही नदी
अँधेरे पार कर,

जहाँ एक बार बही हो नदी
वहाँ बार बार लौटती है नदी–सारी धरती पर जड़ें हैं जल की

कोंपलों से गदरा रही है वो नयी डाल–
जड़ें उतरती हैं दूर अन्दर टोहतीं जल।

सबसे छोटा दिन

आज का दिन सबसे छोटा दिन है।
एक ही घोड़ा ले निकला है दिनेश।
कम काम का सुस्ती भरा दिन।
जल्दी शाम की लालसा भरा दिन।
जल्दी छुट्टी की घण्टी का दिन।
प्रकाश का कम, तम का ज्यादा यह दिन।

घना कुहरा है। सुबह से। नींद में है धूप।
बड़ी होगी रात। बड़ी, अघोर अँधेरी।
तेज पछया की रात। सुनसान रास्तों की रात। धूल भींगने की रात।
ऐसे सन्नाटे की रात कि दूर किसी घर में बच्चे का रोना भी पास।
कहीं घात कहीं हत्या की रात।
सट के सोने की रात। देह के जर्जर होने की रात।
साँस दबाए आहिस्ते अन्त को पास बुलाती हुई रात।
कालिमा में चमकीली आँख वाली रात।
ओस बरसाती हुई उदार रात।

आज सबसे छोटा दिन है। भूरे पिल्ले सा दिन।
चाय की देग से लगातार उठती भारी भाप का दिन।
दुकान कल को बढ़ा डेरे लौटने का दिन।

सबसे छोटी परछाइयों का दिन। घुलनशील।
साँझ होते होते इतनी माया भरा सुबकता हुआ दिन।
अपना हिस्सा अगले दिवस को भेंटता   प्यारी फूलगोभी सा दिन।
आँवले के हरित नाद से भरा हस्तामलकवत
छोटा सबसे छोटा दिन दिन ही तो है।

जिसने सहस्त्र चन्द्रमा देखे

जिसने सहस्त्र चन्द्रमा देखे और हजारों रातें
जिसने लख लख तारे निरखे
नक्षत्रों की घातें;
घन पट गहरे श्याम दीर्ण
विद्युत धागों से सिलते।
जिसने लखे हजारों चन्दा
सुनी रुलाई पहली,
जिसने अन्तिम साँस सुनी
और हँसी साँवली उजली;

जिसने धूप में हत्या देखी
और अकेला चीखा,
हरदम लगा जिया क्यों अब तक
किसकी खातिर भिक्षा,
सारा सफर मोड़ पर काटा
जोड़ा फिर भी घाटा ,
होंठ से हँसता आँख से रोता
ऊसर खून पसीना पाटा,
एक बीज ही बोया अब तक
एक फसल ही काटी;
लेकिन चाँद हजारों देखे
देखे सूर्य हजारों–

बहुत चन्द्र बाकी हैं अब भी
बहुत सूर्य तारे भी
बहुत देखना बाकी अब भी
घुटती मुँदती आँखों को।

वह बाजार ठठेरों का था

वह बाजार ठठेरों का था दिन भर ठक ठक होती थी
फूटे बरतन रासे जाते, फिर कलई भी चढ़ती थी,
पीतल वाले बाजे भी चमचम चमकाए जाते थे
पिचके थोथे सबके मुखड़े नया जनम ले आते थे।
यही एक बाजार शहर में हमको जी से भाता था
मुद्राएँ भंगिमा इशारों से सब शासन चलता था,
काम काज था, भाषा चुप, बस धातु की आवाजें थीं
घर्रघर्र मोटर, चट्चट् फीता, भट्ठी भाँथी सँड़सी चूँटा,
यहाँ मरम्मत जोड़ धुलाई वा चमकाई जारी थी
उड़ते छिंटते स्फुल्लिंग की मानों आतिशबाजी थी।
ऐसा कुछ भी नहीं अजर जो कभी न टूटे भाँगे
ऐसा कुछ भी नहीं जो टूटे और टुटा रह जाए
और जिसे हम फिर से रूप नहीं दे पाएँ—
फली बदलते मूठ बदलते वही छुरी हम फिर फिर पाएँ।
मैं भी सोचूँ बनूँ ठठेरा यहीं कहीं खोजूँ उस्ताद
तन पर धातु धूर पोत कर टूटा जगत करूँ आबाद।

एक वैद्य की चिन्ता

(वि सं 1019)

मैं सब कुछ जानना चाहता हूँ
मैं महाराज के बारे में सब कुछ जानना चाहता हूँ
जागरण से निद्रा तक—
जैसे उन्हें अर्श या कोष्ठबद्धता तो नहीं
मूत्र में प्रदाह
कहीं किसी अंग पर व्रण तो नहीं
या वायु प्रकोप?
कोई दृष्टि दोष?
जो वस्तु जैसी है वैसी ही दिखती है या उल्टी?
दूर की वस्तु पास,पास की दूर—ऐसा तो नहीं?
और अपान वायु के विषय में तो कोई बात ही नहीं करता;
मैं अन्त:पुर के सम्बन्ध में भी जिज्ञासु हूँ,निदान हेतु आवश्यक है,
क्योंकि पुरुषों की अधिकांश व्याधियों का उत्स वहीं है,
और महाराज आखेट को तो जा रहे हैं
उन्हें क्रोध तो अधिक नहीं आता, अकारण घृणा मत्सर अज्ञात का भय ?
मैं सब कुछ जानना चाहता हूँ
यहाँ तक कि उनके स्वप्नों के विषय में भी
रात के और दिन के भी—
प्रत्येक वैद्य जानता है बलिष्ठतम काया भी
काल का आहार है

वैतालिक आए और चले गये
नर्तकियाँ आयीं और चली गयीं
कब तक प्रतीक्षा करूँ परिचारिके
नाड़ी परीक्षण अभी भी शेष है।

पोस्टमार्टम

जल्दी निकलना था
पहले ही देर हो गयी थी।
वैसे भी यह काम उसका नहीं था
मॉब लिंचिंग, फायरिंग, एनकाउंटर ये सब केस
विश्वस्त लोग करते थे
लेकिन एक लावारिस लाश थी आज;
उसने जल्दी जल्दी कागजी काम निपटाए
सहायक को कहा तैयारी करो
बची हुई ह्विस्की एक साँस में गटक
गिलास मेज पर पटका
एक आते फोन को देखा—'बस आ रहा हूँ'
और भीतर घुसा;
मौत से कभी उसे डर नहीं लगा
पढ़ते हुए पहली बार लाश को चीरा था तब भी नहीं
लेकिन आज वह कुछ सिहरा
लगा हॉल में कोई है कोई फुसफुस ठहर ठहर कोई पीठ पर
'सब बत्तियाँ जला दो' उसने सहायक से कहा
और टेबुल पर झुका
सहायक ने लाश से कपड़ा खींचा
डॉक्टर ने चेहरा घुमाया

और लगभग चीखता हॉल से बाहर दौड़ा

'सर!'

वह स्कूल का सहपाठी था मुर्दाघर में अकेले !

बानो

जब कुछ भी कहना कम लगे
जब कुछ भी करना कम लगे
जब शर्म अपने करे पर नहीं
दूसरों के करे पर लगे
जब न बात करते बने न चुप रहते
जब मुँह खोलते कलेजा फटे
जब अम्मा तरफ ताका न जाए
न बहन को पुकारा जाए
न बेटी को दुलारते बने
न पत्नी से कुछ पूछते
जब अपने ही आँगन में हत्यारा लगूँ
दुर्योधन दु:शासन

दोनों बाँहों पर बेटी का शव लिए खड़ा हूँ
सड़क पार करने
इतनी भीड़ इतने रथ विजय घोष
सब दौड़ रहे सब अ-मृत लोग
हत्यारे जिंदा और मेरी बेटी मेरी बन्नी तेरे लिए साँस नहीं खला में

कैसा देश कैसी मातृभूमि मेरी माँ !
हाय हाय ! बस एक हूक एक हाय!

अयम्मा

कोई बार बार पुकार रही है अयम्मा
कोई पास कोई कुछ दूर से गर्दन उठाए पुकार रही है अयम्मा
कोई इस कोण कोई उस कोण टूटती छाल सी आवाज में
कोई रूँधे गले से कोई फेफड़े भर से सब तरफ से
सब बेतहाशा पुकार रही हैं   अयम्मा

कौन है अयम्मा
कहाँ खो गयी अयम्मा

अयम्मा
अ   यम्मा
अय म्मा
मा !!!

नागार्जुन

यह तब की बात है जब मैं किशोर था
और पहली बार आया था पटना और
ज्ञानपीठ प्रेस में ठहरा था।
वह समय शाम का रहा होगा जब मैंने एक आदमी को
सभा कक्ष के बाहर निकलते कुछ पूछते देखा, किसी ने
रास्ता बताया तो उस ने कहा,यहाँ की ज्योग्राफी
भूल गया हूँ–यात्री जी हैं–
वह जैसे कोई जड़ थी, कोई गाँठ, कोई कन्द धरती के
अन्दर से अभी अभी निकली गीली गर्म मट्टी के साथ।
फिर कब देखा याद नहीं, शायद मछुवा टोली में
वह लाल रंग की धोती पहने थे और किसी के साथ थे रिक्शे पर;
यही हैं नागार्जुन, कहा रामकृष्ण पाण्डे ने और अगले दिन
'सतरंगे पंखों वाली' पढ़ने को दी।
फिर एक दिन अनामिका प्रकाशन में उमा बाबू के पास
वह बैठे थे चाय का गिलास हाथ में लिए
'तालाब की मछलियाँ' अभी अभी आयी थी
(बाबा, यह भी लिखते हैं। अच्छा!)
और एक दिन नुक्कड़ पर देखा 'बाकी बच गया अण्डा' सुनाते
लोग उनकी अगली पंक्ति मानों पहले से जानते थे
जैसे वह जानते थे सबकी बात पहले से
(कविता यूँ चौराहे पर ट्रैफिक पुलिस की तरह रास्ता बतायेगी
सोचा भी न था)।

और अस्सी में जबलपुर में प्रलेस सम्मेलन में वह कौन था जिसे
सब घेर रहे थे और वह बारम्बार हवा की तरह मुट्ठी से निकल दूर
चला जाता था
मैंने दूर से देखा उसे
मैंने दूर से देखा
और पहली बार पटना के हॉल में नागार्जुन का कविता पाठ हुआ
टिकट लगा कर
और ऐसी भीड़ थी कोई बोला टिकट ब्लैक हो रहे हैं,
और जब वह अस्सी के हुए तो हम पटना कॉलेज के हाते में गंगा किनारे
घास पर ज़मा हुए–रात पूरे चाँद की–इतने लोग इतने तरह के लोग,
वह कौन था जादूगर जिसके पीछे सारा शहर चला आता था !

मेरी जिन्दगी अलग रास्ते पर थी
ज्यादा न मिलना हुआ न साथ बैठना
बस उन्हें दूर से देखा आँख पर हाथ धरे
जैसे दूर से देखूँ भास्कर दोपहरी का

और जब वे दरभंगा अस्पताल में भर्ती थे
और होश में थे
तब अनिल विभाकर के साथ उन्हें देखा बिस्तर पर
वह कुम्भीपाक था सरकारी अस्पताल का
जिसके एक जर्जर कक्ष में भर्ती थे नागार्जुन
(आदमी की हैसियत उसके जीने से नहीं उसके इलाज से जानो)

और अन्तिम यात्रा

जाड़े का दिन था
धूप थी धान के पक रहे खेत थे हवा थी
गुजर रही थी एक दरवेश की सवारी
चंदनवर्णी धूल भरे पथ से,
जो जहाँ था वहीं उठ कर खड़ा हो गया
हँसिया लिए मजदूर खेत में

कमर पर जल का तसला लिए स्त्रियाँ
दालान से दौड़ते किसान खुलतीं खिड़कियाँ
सड़क के दोनों ओर खड़े मौन वे लोग
और विद्यालयों के बाहर हाथ जोड़े खड़े बच्चे।
(पता नहीं कैसे जन जान जाते हैं कि कौन है अपना
और उनसे गलती कभी नहीं होती)

यह काष्ठ लीजिए और चिता पर रखिए
खगेन्द्र जी ने कहा

वह एक बीज था जो मिट्टी से फूटा था
मिट्टी में मिल गया
वह एक बीज जो मौजूद है आज के बीजों में
नये गगन में नया सूर्य जो...

(एक स्मृति-यात्रा)

बहादुर शाह ज़फ़र की मज़ार पर

(यांगोन)

रंगून शहर से बाहर एक सुनसान सी जगह है
जहाँ कुछ दरख्त हैं घने
कुछ मेमने, एक चरवाहिन लड़की
और दो गज जमीन से ज्यादा कुछ उठी हुई धरती
यार के कूचे से दूर
वतन की मिट्टी से बहुत दूर

इतना दुख शायद ही किसी ने भोगा–
एक नक्काशीदार रूमाल से ढके हुए सिर;
शायद ही इतना प्यार किसी ने पाया–
इतने हाथों ने एक साथ पहनाया ताज–
हर वो जगह वतन है तुम्हारा जहाँ तुम रहो
हर वो गली गली है यार की जहाँ आवाज है तुम्हारी

तुम्हारी लड़ाई खत्म हुई ज़फ़र
पर हमारी तो अब भी जारी है
तुमने बस एक बार देखे कटे हुए सिर
हमें तो बदा है देखना हर रोज
तुम्हारा तो यार भी था कहीं
हमारी तो बस एक गली है वीरान

जो गिनती अट्ठारह सौ सत्तावन से शुरू हुई वो जारी है अब भी ज़फ़र

इक़बाल की मज़ार पर

(लाहौर)

एक दरवेश एक खुशनवाँ फकीर
जिसके लब पे आती थी दुआ बन के तमन्ना सबकी–
ये वो चौखट है हर शायर का झुकता है सिर जहाँ

बस एक शायर जानता है कि संगमरमर भी आखिरकार मिट्टी है
और हर मिट्टी में दरख्तों की यादें हैं
जिनमें आयेंगे गुल फिर अगले बसन्त में

तुम्हारी आवाज एक पुकार है
रात के सन्नाटे में बहुत दूर से आती एक पुकार
तुम्हारी आवाज हमारे लहू के दौड़ने की आवाज है

जब सारी आवाजें डूब जाती हैं
परिन्दों तारों और मछलियों की आवाज
तब एक आवाज बहुत दूर से आती है
हर इन्सान को उसके नाम से पुकारती–
बस एक शायर जानता है जो नाम–
उस नाम से जो सबका नाम है एक ही नाम
एक आवाज जो लोरी है और प्रभातफेरी भी
एक आवाज जो फ़ज्रीर की अज़ान

उठा लो मुझे मेरे शायर मेरे दरवेश!

जेल के अन्दर वार्तालाप

तुम यहाँ क्यों आये
क्योंकि मैं बोल रहा था

और तुम
क्योंकि मैं सुन रहा था

और वह
क्योंकि वह सोच रहा था

और वो
क्योंकि वो रात भर जगता था

और वो लड़की उधर
वो? वो हँस रही थी

और वो वृद्धा
वो रो रही थी

और वह वीरवर
वह लिख रहा था

और वह सरवर
वह पढ़ रहा था

और वो उधर
क्योंकि उसकी देह में अभी भी साँस थी

और वो
उसके मरने में देर हो रही थी

और ये बच्चे
क्योंकि वे सड़क पर खेल रहे थे

और ये
क्योंकि इनकी कमीजें काली थीं राजा की शोभायात्रा में

और ये
ये कवि हैं   व्याधे को शाप दे रहे थे

और ये इतने सारे लोग इतने लोग
क्योंकि वे देख रहे थे

तो बाहर कौन है
बाहर अब है कहाँ?

कुछ वचन
(जेल की दीवारों पर अज्ञात स्वाधीनता सेनानियों के)

आजादी एक साँस है
जो बार बार लेनी पड़ती है

चलते हुए हिचक का मतलब है
मोच

सबकी एक खास पोशाक होती है पर जो खुफिया है
वह सबकी पोशाक पहनता है

जब गिद्ध डैने फैलाएँ तो समझो
सुबह होने वाली है

किसी को जानना हो तो उसके दुश्मन को जानो
आदमी दोस्त से नहीं दुश्मन से जाना जाता है

किसी सरकार को जानना हो तो पूछो
अमीर कितने अमीर हुए, गरीब और कितने गरीब

अगर सब अपने घर से निकल जायें तो

सरकार अपने आप गिर जायेगी

मेमने को अपने में मिलाने का सबसे कारगर नुस्खा है
मारो और खा जाओ–एक उद्धरण

अमृत महोत्सव

तुम सब सभासद श्रेष्ठीजन जो चख रहे हो अमृत
तुम जो छक रहे हो भोज, अमृत भोज, पंक्तिबद्ध
उन वीरों को याद करो जिन्होंने अपने कण्ठ में धारण किया था हलाहल
याद करो उन योद्धाओं को जिन्होंने विष पिया हमारे लिए–
एक ग्रास उनके लिए भी जिन्होंने अमृत कलश फूटने से बचाया इतने साल
इतने युद्धों भूकम्पों में

तुम जो अमृत छक रहे हो–
भूलो मत कि अमृत भी एक नशा है–
तुम जो अजर अमर हो भूलो मत कि यह कलश केवल तुम्हारा नहीं था
भूलो मत कि करोड़ों लोगों ने अभी देखा भी नहीं वो अमृत कलश
जो खड़े हैं बाहर इस महामहोत्सव इस अमृतभोज से बहिष्कृत––
भूलो मत कि समुद्र में अभी भी जहर है।

अन्त पास

न तू शोभायात्रा में गया
न नाच गान भण्डारे में,
जहाँ खड़े थे याचक तू वहाँ भी न था
न चारणों के वृन्द में,
जब करतल ध्वनि थी साधु साधु की गर्जना
तब भी तू खड़ा रहा होंठ सिए

सारा गुरुकुल सारे सितारे खड़े थे नतग्रीव पंक्तिबद्ध
और तू घूमता रहा गंगा किनारे,
सारा नगर बहा जा रहा था राजमार्ग पर
और तू अपनी कोठरी में बन्द कोपभवन में—
क्या समझता है कोई जानता नहीं
क्या सोचता है तू बच जायेगा ?

चुप्पी भी उतना ही खतरनाक
जितना बोलना।

बिल्ली और घेराबन्दी

बन्द कमरे में घिरी हुई बिल्ली
जिसके बाहर निकलने का रास्ता न था
निरीह ताक रही थी
हरी आँखें उठाए निश्चल
घेरेबन्दी के विजयी गार्ड पर

कि अचानक छड़पी
और
जबड़े से गार्ड का टेंटुआ झिंझोड़ दिया

रास्ता इसके बाद भी नहीं था
दरवाजा बन्द
खिड़कियाँ बन्द
रोशनदान सीलबन्द
और ठण्ढ

बिल्ली अभी भी बन्द थी घेरे में।

मैं लिख रहा हूँ उनकी निगरानी में

मैं लिख रहा हूँ निगरानी में   मैं उनकी नजर की जद में हूँ
वे देख रहे हैं मुझको बनाते एक एक हर्फ
मेरे दाहिने कन्धे को हिलते
मेरा झुका माथा
मैं उनकी निगरानी में

पर वे नहीं जानते अगर मैं लिख रहा हूँ दिन
तो मतलब रात है
अगर लिख रहा हूँ जिन्दगी तो मतलब है
मौत
और अब मैं दाएँ से बाएँ या ऊपर से नीचे लिख रहा हूँ
या बीच से चारों तरफ अनेक लिपियों में
कोई नहीं जानता क्या सोच रही है मेरी आत्मा
पानी भी नहीं जानता मछलियाँ क्या सोच रही हैं
आसमान भी नहीं जानता कहाँ तक उठेगा गरुड़

और उन्होंने बत्ती बुझा दी
अँधेरा, कोई हर्फ आधे पर रुक गया, आधी मात्रा
और मैं भीतर मुड़ा कुम्हलाते फूल की तरह
एक बीज को बचाता—
नया अक्षर जीवन की वर्णमाला का।

मैं असहमत

मैं असहमत
मैं असहमत सर्वसम्मत,
मैं असहमति में उठा एक हाथ
मैं असहमति में कटा एक माथ
लुढ़कता रोकता रक्त-रथ के चाक

इतना विष है, घृणा इतनी, चेहरे सब क्रूर विकृत
ज़हर की बारिश से बचता रुई का गोला अरक्षित ,
कहाँ जाऊँ किधर जाऊँ सब जगह तो काट मार
कहाँ अमृत, जल किधर है, यहाँ केवल थार थार;

हर ललाट पर ठुँका हुआ है जाति धर्म का ठप्पा
हर बन्दा अब खोज रहा है अपना दुश्मन सच्चा,
जब सब हँसते खाते-सोते अपने घर निश्चिन्त
खून भरी एक चीख तभी उठती गलियों को बींध–
मैं असहमत मैं असहमत है असह सह मत

एक कोकिला अमराई में चुप ह्वै बैठी गगन ताकती
नहीं नहीं यह वो वसन्त हा हंत
मैं असहमत मैं असहमत !

(अरुण देव के लिए समस्यापूर्ति)

खोल दो दरवाजे

खोल दो दरवाजे
आने दो सबको
पूछो मत नाम गाँव
सबका घर है ये
जगह है सबके लिए,
देखो क्या है रसोई में
जो भी है जल्दी परोसो
यह भगवान का भण्डारा है अक्षय
वाहेगुरु का लंगर सदाव्रत,
पूछो मत नाम गाँव
सबका घर है ये
आने दो उन्हें अपनी गौवें भेड़ बकरियाँ लिए
जो भी जन्मा सबका घर है धरती पर
सोच मत मेरे पुत्तर
हो सकता है यह आखिरी मकान हो जलते शहर का
आज यह छत है माथे पर
कल फिर हम बेघर हो सकते हैं–
कौन शरणदाता कौन शरणार्थी !

गरुड़

(रोजा लक्जमबर्ग के लिए)

रोजा को अच्छे लगते थे वे लोग
जो पैदल चल सकें बहुत दूर
नापसन्द थे ठहरे हुए लोग
कूड़े के ढेर से बढ़ते पड़े पड़े

चलो चलें हम भी
चलोगे तब जानोगे पाँवों की बेड़ियाँ,
बोलो बोलो, वो जो कोई नहीं बोलता
तब जानोगे कितना मुश्किल है बोलना–
फौजी बूटों के नीचे भी करकराती है रेत

चलो चलते चलो
यह मत पूछो कहाँ किधर कौन सा है रास्ता
हर रास्ता कहीं न कहीं जाता है बनता जाता है नया रास्ता
ऐसा कोई अन्धकार नहीं जिसमें प्रकाश नहीं

गरुड़ आज कितना भी नीचे क्यों न उड़े
गरुड़ ही उड़ सकता है सबसे ऊँचा।

एक बुलडोजर की गाथा

अब न तो पहिए चलते हैं न जबड़े
पहियों के चारों बगल दूब उग आयी है और चींटियों के घर
जबड़ों के दाँत टूट चुके हैं
खेलती हैं उन पर गिलहरियाँ पूँछ उठाए

अपने राज में मैंने कितने ही घर ढाहे
उजाड़े झोंपड़े बस्तियाँ मदरसे खानकाह–
दुनिया का सबसे सुस्त चाल वाला खूँखार रथ–
कौन था वो बच्चा दब गया था नींद में
वो चीख बस एक बार उठी सारे शोर तड़प कर

अक्सर सोचता कोई मेरे आगे खड़ा क्यों नहीं होता
दस लोग भी सामने डट जाते तो मेरा लोहा काँच बन जाता
एक वीरांगना खड़ी हो गयी थी निहत्थे एक बार
और मुझे रुकना पड़ा था असहाय
पीछे मुड़ना मैं जानता नहीं पर मुझे लौटना पड़ा

अब चारों तरफ घनी रिहाइश है इतने इतने घर परिवार
और मैं बच्चों का खेल मैदान हूँ
उसी बस्ती के बीच अँटका अजूबा,

वो ज़माना बीत गया वो हुक्मरान मर गये अपने ही भार से दब कर

काश मैं मिट्टी की गाड़ी होता !

(विजय कुमार की खातिर)

एक कविता-कथरी

(17 दिन 422 घंटे 41 लोग; 12 मजदूर 26 घंटे)

जब सारी दुनिया युद्ध लड़ रही थी
जब लोग मारे जा रहे थे
जब लोगों को घेर कर काटा जा रहा था गाजा में घरों में
जब हत्या ही तमगा था, हत्यारे ही नायक
जब नफरत महामारी थी
जब अच्छाई आखरी साँस ले रही थी
जब हताशा थी हार था हरण था
तब वे आए
प्रकट हुआ आत्मा का गुप्त स्वर्णाक्षर
गंदी नालियों से निकले पवित्रतम लोग हिमालय के हिम-से धवल उज्ज्वल।

सत्रहवाँ दिन था दिवाली के दिन से गिन कर
अँधेरी सुरंग में मौत के तट पर चार सौ घंटे
अजगर की आँत में सकदम;
बाहर बेचैनी थी लोग थे दुनिया की सबसे महँगी मशीनें थीं,
कभी लगता नजदीक है धूप पास है हवा
कभी लगता सब खतम,
एक एक दिन सरकता जाता
आशा निराशा उम्मीद हताशा आशा
हर पल मौत पास आ रही थी,

मौत ज्यादा मौत लगती है जब वह तिल तिल कर आती है
और तब हाथ से कौर नहीं उठता
और देह भूल जाती है सोना जगना,
बाहर लोग लगे हुए थे रात दिन
एक पाइप के सहारे बात करते रसद भेजते,
टेलिफोन का तार भी लगा, घर पर फोन से बात होती
और हम हो जाते और भी उदास, सुनसान; सारे पत्ते झर जाते;
तब मोबाइल एक सहारा था जिस पर लूडो खेलते,
बस मोबाइल स्क्रीन की रोशनी को देखना अच्छा लगता
और साथियों के नंबर,
और सहारा थे बचपन के खेले हुए खेल—चोर सिपाही राजा रानी—
बचपन हमें बचाने आया पीछे मुड़ कर

हम हारे नहीं हम बैठे नहीं हमने हिम्मत से काम लिया
अन्त अन्त तक जीने का जीते रहने का फैसला किया,
और हमने मुरमुरे खाए काजू और किशमिश, पर पहली बार यह लगा
कि नमक के बराबर कुछ भी नहीं संसार में
और जब नमक मिला तो जीने की आस बढ़ी,लाल आसमान सी लालसा;
पूछा गया हमसे क्या खाने का मन है तो सबने
एक आवाज में कहा पालक पनीर—
देह की इच्छाएँ मौत से भी नहीं डरतीं।

मृत्यु पास पास थी निगरानी करती
मृत्यु बिलकुल पास थी सट कर सोती
और हम घंटों ताकते रहते
फिर वही डर वही त्रास
और घर की याद—
गल रहा होगा हिम ऊपर

(कभी कभी सोचता ऐसा क्यों हुआ हमारे साथ
जब सबको मालूम थे हालात, जब अँदेशा था जोखिम का
तब यह खुदाई यह सुरंग यह परिक्रमा क्यों
हिमालय से होड़ की हिमाकत क्यों–
बहने दो गंगा-यमुना की निर्मल धारा
बढ़ने दो हिमालय को तोड़ो मत पृथ्वी का मेरुदंड—
जैसा सलूक आदमी के साथ वैसा ही सलूक प्रकृति के साथ
यही पूँजी की फितरत है
यह पूँजी की हबस है, सब कुछ हड़पने की खूँखार लिप्सा
पेड़ पर्वत आदमी नदियाँ जंगल जानवर पूँजी के ग्रास)

लगा अब क़रीब है आजादी
बस एक छोटी दौड़ भर दूर;
कहा गया, दुनिया की सबसे ताकतवर मशीन जुट गयी है काम पर
फिर से आशा, फिर कदम्ब-सा खिलता मन,
फिर देह को नमक की तलब,
और फिर अँधेरा रीछ सा अँधेरा;
कितना इंतजार कर सकता है कोई
कितना ठट सकता है जर्जर शरीर
एक दिन दो दिन हफ्ता दो हफ्ता
इंतजार का मतलब अकाल और सुखाड़ —
मशीन बैठ गयी, फाल टूट गया,
वज्र थी हिमालय की हाड़

(कभी कभी सोचता क्यों हमें जीना ही चाहिए और
हमें जो करना था कर लिया, इतनी ही लिखी थी जिन्दगी
कि मुरमुरे के ठोंगे पर एक कविता मिली अरुण कमल की—
'आदमी को कब तक जीना चाहिए:
जब तक वह पूँजी के काम आ सके
खट सके, कमा कर उनकी तिजोरी भर सके

जब देह थकने लगे,जब कोई रोग जकड़ ले
तब उसकी जगह है कूड़ेदान या काशी करवट')

और तभी वे आये,
हमें जीना है अपने लिए अपनों के लिए
हमें जीना है बहुत जीना है
तभी वे आये
वे छोटे गरीब लोग वे जिन्दगी बचाने वाले लोग
जिन्हें कुछ नहीं चाहिए था बदले में
जो सिर्फ इसलिए आए कि वे भी मजदूर हैं और
बचाना है अपने भाई बंद को
जो खड़े थे चौवों पर बस एक आवाज के इंतजार में
अपने बेलचे तसले, हथौड़े फावड़े लिए।

वे सबसे गरीब सबसे सस्ते मजदूर थे
जो घरों से माँओं से बच्चों से बहुत दूर
खतरनाक सुरंगों में हाड़ तोड़ रहे थे—
और उनको बाहर निकालने वाले भी
वैसे ही गरीब, गंदे नालों परनालों में काम करने वाले मजदूर थे
जो एक इशारे के इंतजार में खड़े थे बाहर,
और वे दौड़ पड़े अपनों को बचाने
जान जोखिम में डाल
अपने भाई बंदों के लिए,
वे देवदूत थे फरिश्ते—नहीं, वे बस इंसान थे मामूली—
मजदूरों ने मजदूरों को बचाया
गरीबों को गरीबों ने बचाया
जब मशीनें हारतीं हैं तब जीतता है आदमी का हाथ
धैर्य, साहस और समर्पण और प्रेम—
सबसे पुराने हथियारों से जीती गयीं नयी लड़ाइयाँ
प्रतिबंधित तरीक़ों से लड़े गये सबसे मुश्किल युद्ध —

ऐसा भाईचारा, ऐसा प्रेम जो केवल मेहनतकश लोगों में होता है;
यह मनुष्यता का वृंदगान है
मुहब्बत का सबसे सुरीला तराना;
सबसे गंदे नालों को भीतर घुस कर साफ करने वाले—
कितनी पवित्र कितनी उज्ज्वल है उनकी आत्मा—
वे लगे रहे छब्बीस घंटे लगातार जूतों में पसीने भरे
वे जगे रहे लगातार एक एक चट्टान को छीलते—
और वे आये
और रास्ता खुला
वे दौड़े और हमें कस लिया भर अँकवार
हम जैसे लोग थे वे
हमारे लोग बारह लोग।

दुनिया में दो ही तरह के लोग हैं—
एक जान लेने वाले, दूसरे जान बचाने वाले,
उनका जमाना है उन्हीं की इज्जत है जो जुल्मी हत्यारे हैं
जो अच्छे हैं नेक हैं वे टुकड़ों में बँटे हैं टूटे हैं बिखरे है ;
कुछ ताकतवर लोग आदमी की जान लेने के लिए जाने जाएँगे
कुछ कमजोर लोग आदमी की जान बचाने के लिए याद किए जाएँगे;
और इसलिए भी कि
उन्होंने कोई दाम नहीं माँगा एक पैसा नहीं
ऐसे जमाने में जब सब कुछ का दाम है सब कुछ बिकाऊ है
वे बोले इस काम का कोई मेहनताना नहीं न इनाम इकराम
यह प्रेम की उजरत है प्रेम ही पगार

फिर भी उन बारह से पूछा गया तुम्हें क्या चाहिए बोलो—
बूढ़ी माँ के लिए पक्का मकान
गाँव तक सड़क
जात पाँत धर्म मजहब सबसे परे मुहब्बत और इज्जत
और सारे मजदूरों को वाजिब मेहनताना

जीवन का बीमा
और यह भरोसा कि आगे कभी ऐसा हादसा न हो;
हम बस यही चाहते हैं कि आदमी को आदमी समझा जाए
और समाज में प्रेम भाईचारा रहे—
ऐसा मजदूरों ने कहा,किसी बाबा ने नहीं।

और जब देह को हवा लगी और रोशनी और इतने लोगों की साँस,
जब हम बाहर आए तो लगा फिर से जन्म लिया ;
तब फिर एक चिलक कि बस एक पल में सब कुछ खतम था
बस एक कच्चा सूत यह देह मकड़ी का जाला,
और हमने सबको मन ही मन आभार कहा

जिसने तुम्हारे लिए रोटियाँ बेलीं
उसका भी शुक्रिया कहो
जिसने सुरंग के मुँह तक रास्ता बनाया
उसको भी शुक्रिया
वे एम्बुलेन्स ड्राइवर, डॉक्टर, इंजीनियर, सिपाही, फौजी ,अधिकारी,
सबका शुक्रिया,
जिसने भी जिन्दगी को जरा सा सहारा दिया
अँधेरे में एक बार भी टॉर्च दिखाई,
और वे करोड़ों करोड़ लोग जो साँस रोके तुम्हारे लिए दुआ कर रहे थे
इतना बड़ा देश मुट्ठी भर दिल बन धड़क रहा था तुम्हारे लिए
उन सब का शुक्रिया शुक्रिया।

(तुम सब अकेले नहीं थे
बाहर भी लोग थे करोड़ों
तुम्हारे लिए जगते सोते;
जब तुम अपनी सुरंग में अकेले बंद होते हो
तब कोई नहीं आता तुम्हें बचाने
तुम्हीं को अकेले खोलने पड़ते हैं रास्ते

मलबे के ढेर को हटाते हटाते;
लेकिन यहाँ तुम नहीं थे अकेले।)

हमें कुछ नहीं चाहिए
बस यही कि लोग हमें आदमी समझें ,
सब लोग प्रेम से साथ-साथ रहें
और किसी से नफरत न करें,
यही हम कहना चाहते हैं सबसे समूचे देश से:
यही कि हिन्दू मुसलमान सबने मिलकर सबको बचाया
और बदले में कुछ नहीं चाहा।

(किसने इस देश को बोगदा बना दिया
एक अंधी सुरंग?
लेकिन हम निकलेंगे बाहर
हम तोड़ेंगे सुरंगें बनाएँगे रास्ते
हमें पूरा करना है यह काम कल सुबह तक)

हम गाते रहेंगे सब साथ मिल कर:
गंगा हमारी हैं यमुना हमारी
सह्याद्रि हमारा हिमालय हमारा
हमारा है आकाश तारे हमारे
इन्हीं ने हमारे दिलों को सँवारा ।
जहाँ भी रहो तुम जब भी पुकारो
आएँगे दौड़े ज्यों बिजली की धारा॥

रंगसाज की रसोई

तुम्हारी रसोई में देखा
सैकड़ों साल पुरानी ईंट का रंग—
वही रंग नालंदा का रंग
गेरू के ढेले का रंग
मिट्टी पानी आग का रंग

और अखबारों के गूदे से बनी ईंटें
गल चुकी खबरों की,
खून हिंसा जुल्म की,
तानाशाहों की गलित तस्वीरों, की ईंटें

सामने चोरमीनार जिसके ताखों में कभी
झूलते थे हवा में नरमुण्ड
घंटियों के लोलक-से

वो झूलती आवाज अब एक रंग है
कटते कंठ की आखरी बुदबुद ,
काठ की मेज पर न जाने कितने बुरुशों के रंग हैं
और हर रंग एक सिसकी है, रुदन, शाप या हास
हर रंग एक नाद हर नाद एक रंग

देखने के लिए
कितना सोचना पड़ता है आँखों को
कितना सलाह-मशविरा सारी इन्द्रियों

समूचे शरीर से

हर रचनेवाले की रसोई ऐसी ही होती हो शायद—
कड़ी धूप में सूखते जूठे बर्तनों पर ठहरीं मक्खियाँ,
कहीं सिकुड़ता खौला हुआ जल,
कहीं अभी अभी पेरा हुआ ईख का उष्ण रस
और कहीं हजारों साल पुराना ढेला सेंधा नमक का —
यह बनने की जगह है, चावल के
भात बनने की जगह
सब कुछ के रस में बदलने की जगह—
दूर समुद्रों की मछलियाँ भी बनती तो हैं अपनी ही
रसोई में

यहाँ हर चीज को, हवा तक को, अपनी बारी का इंतजार है
और नमक को इंतजार है रसोइए के अंदाज का

कह नहीं सकता वहाँ क्या पक रहा था चुपचाप
निर्धूम आँच पर
वैसे भी वर्जित है रसोई में प्रवेश ।

(मनीष पुष्कले के स्टुडियो में)

शुरू में कुछ भी नहीं था

शुरू में कुछ भी नहीं था
थी बस मिट्टी
पानी पुआल और पटरे खपच्चियाँ;
काठ के चौड़े पटरे पर
दो-तीन खपच्चियाँ ठोंकी गयीं
फिर चारों ओर लपेटा गया खाली पुआल
कहीं ज्यादा कहीं कम
कहीं कुछ कसा कहीं जरा ढीला
और लगा जैसे खड़ा हो आदमी का धड़
कुछ कुछ मोथे की जड़ सा ऊबड़-खाबड़;
गूँधी गयी काली मिट्टी
मिट्टी का ही कुछ बना लेप
और बार-बार पानी में छपकीं उँगलियाँ,
मिट्टी चढ़ी, पुआल पर चढ़ी मिट्टी;
कहीं पुआल बिलकुल छिप गया
कहीं बड़ी मुश्किल से दबा
कहीं बिलकुल बाहर झाँकता,
पुआल पर चढ़ी मिट्टी जैसे कि उठ रही हो भित्ति
और अब साफ़ था सामने कन्धा
उभरा वक्षस्थल और थोड़ी झुकती बाँहें,
दृढ़ हथेलियों ने चढ़ाईं धीरे धीरे मिट्टी पर मिट्टी की परतें
एक एक कतरा मिट्टी बनती गयी वक्ष

कमर जाँघ पृथुल   बाँह आँखें नाक
और फिर चढ़ी मिट्टी शरीर के एक एक घुमाव को पजाती
रेशा रेशा उठाती;
एक बार फिर हथेलियाँ घूमीं और स्तन उठे गोल
एक बार फिर सँसरीं हथेलियाँ ऊपर से नीचे और दृढ़ हुई जाँघ,
क्षण भर पहले तक जो थी मिट्टी
बन गयी देखते देखते सुडौल देह
और अब खड़ी थी सामने सृष्टि के सारे घुमाव भरे

शुरू में कुछ भी नहीं था
थी बस मिट्टी पानी पुआल और खपच्चियाँ पटरे

शुरू में कुछ भी नहीं था।

काम

ईंट जोड़नेवाले मिस्त्री
बोलते जाते हैं जोर जोर लगातार
ईंटें उछालते लोकते जमाते
वैशाख के रौद्र में;

एक किशोरी कसीदाकारी कर रही है
दोनों होंठ दाबे खामोश
बस एक सूई एक धागे की ध्वनि में
पल्ले की ओट

मेरा काम दोनों ही जैसा है एक साथ
मैं दोनों ही हूँ एक वक्त
मिस्त्री और किशोरी ।

पुकार

आवाज मेरी डूबती सी दूर से आती लगे जब
तब समझना घिर गया हूँ
भटक अपने यूथ से वन में बहुत भीतर
या ले गयी है लहर कोई लोभ देती दूर
अपने क्रोड़ में

दिन रात घुटती छटपटाती देह
पीस अन्तिम साँस तुमको टेरती जब
चुप न रहना बंद कर लेना न द्वार
बोलना तुम भी निकल बाहर सुनूँ या ना सुनूँ मैं !

लुप्त जीवन की खोज में

बहुत लम्बी राह चल कर, बहुत लम्बी रात जग कर
आज मैं आया यहाँ तक
जागरण नवजागरण के प्रात, सीकर-श्लथ,
कहीं कोई धर्मशाला या सराय बावड़ी कुछ भी नहीं
ना पाथेय ही कुछ पास।

कोड़ता आया अकेला ध्वस्त धूसर नग्न टीले खण्ड प्रस्तर
और उठती दिखी सहसा जलछवि सी–एक नगरी लुप्त,
पुण्यदा जल-सभ्यता का एक स्वर्णिम वर्क;
यूँ ही भटक उत्खनन करता जिन्दगी के दबे ओझल घर ओसारे–
सब कुछ बसाता हृदय कञ्ज
घूमता निष्काम, याचक जग-सुरभि का,
ढूँढ़ता वृत्तान्त विस्मृत और वो भटकी कथाएँ धेनुओं-सी
गोष्ठ से विच्छिन्न,
तौलता हर ध्वनि, रोकड़ लक्ष माशा का–
हर ज्ञान में है गल्प, हर गल्प कोरा ज्ञान,
हर अवशेष गाथा-शेष, हर शब्द एक वृत्तान्त–
जानता हूँ हर अधेला या कि ढेला विगत का संवाद है,
जीवन चराचर कूटभाषा, लिपि अगम्य

मैं कि गाथाकार, भरता शीर्ण भिक्षापात्र
फटे पन्नों का रफूगर, बिखरे सफों का जिल्दसाज।

विश्राम कर गंगा किनारे की मठी में, उठूँगा फिर खोल घुटने,
चलता चला जाऊँगा उत्तर हिमशिखर की ओर
मिलेगी नारायणी उस पार कोई गज कि कोई ग्राह,
जीवन वास्तव का काव्य
या कि मिथ्या, वास्तव की।

कुछ खाके

मुझे दिशाओं की चुप ने रोक लिया
धान के खेतों की गन्ध ने
वो रहा भादों चौठ का चाँद
**
अब जब बदल ली है खाट मैंने
परेशान है खटमल
मेरे रक्त से मत्त
**
एक बहुत पुराना मकान टूट रहा है अहाते वाला
कहाँ जायेगा वो मेंढ़क
जो पानी पड़ते टर्राता था
**
जर्जर मकान को तोड़ते मजदूर
खींचते हैं एक एक ईंट सावधानी से
बनाने से मुश्किल है ठीक से तोड़ना
**
निभृत निःशब्द नीरव रात
सब चुप नींद में कुत्ते भी खामोश
बस एक ध्वनि-प्रपात–धवल पात्र में गड़गड़ाता मूत्रपात
**
यह कैसी जीत जहाँ मैं अकेला प्रत्याशी
न घोषणापत्र न मतदान
विजय निर्विरोध

**

जब गीदड़ों के टूटे दाँत हड्डी के वज्र पर
बोले, टूटे कहाँ
हमारे तो इतने ही थे जन्म से
**

जिसका छत्ता नहीं अब तक
वो मधुमक्खी भी बैठी है
फूल पर
**

कौए फुलाकर देह झाड़ते हैं पंख
कई दिन बाद
निकली धूप में
**

रात की आहट पर
जगते हैं मच्छड़
और रजनीगन्धा के अँखमुँदे फूल
**

ऊपर जहाज़ से भी चाँद
उतना ही ऊपर लगा
जितना जमीन से
**

वह लड़की खड़ी है द्वार पर
अँजुरी में भरे
अगस्त्य के फूल
**

गश्त लगाता एक फौजी
रुक कर देखता है दुकान के टी वी पर
यूक्रेन युद्ध के हताहत
**

एक बहुत दुबला बूढ़ा
मापता है लोगों का वजन सड़क किनारे
तौल-काँटे पर
**
वह कुत्ता फिर यहीं आयेगा
जहाँ त्यागा है मल
दुर्गन्ध की यादें ज्यादा ताकतवर हैं जगत में
**
इतनी ओस इतना भार
कली के मुख पर
कि फूटना दूभर
**
हाथ में टाँगे फ़ल की टोकरी
जा रही है घर एक महिला–
ताकता है खिड़की से किशोर
**
चार दीवारों के बीच जो घिरी जगह है
वही घर है
जो घिरा नहीं वो खुला है बाहर है

एक ललित निबन्ध

(विषय : गदहा)

गदहा एक बहुउद्देशीय जीव है। धैर्यधन। नतग्रीव। बुद्धिमान। पर भान नहीं होने देता कि बुद्धिमान है। कर्मातुर। एवं कामातुर। अपने अंग विशेष के लिए विश्वविख्यात। शांत प्रकृति का। स्थिरचित्त। परंतु पिछली टाँगों को लेकर बेबस। पूर्व काल में इस जीव का अधिक प्रसार था। काबुल में भी पाया जाता था। अब जनसंख्या में विपुल ह्रास। इसका स्वर किसी भी वाद्ययंत्र की पकड़ से बाहर। इसकी चाल ऐसी कि चारों टाँगें एक साथ चलें। सधे लघुतम डग। इसके आनन पर नासिका से लेकर होंठों तक हास्य की रेखा सहज द्रष्टव्य है जो अन्य किसी जंतु में गोचर नहीं। मनुष्य योनि में गदहे को लेकर जो भ्रांतियाँ हैं वे दुखदायी हैं। गदहे की तुलना किसी भी मानव-प्राणी से करना निर्बल का उपहास एवं दैवी विधान का उल्लंघन है। एक बात और: गदहा उतना ही सुंदर है जितना कि घोड़ा। मादा गदहे के प्रति पुरुष अश्व का सहज अनुराग किसी से छिपा नहीं। प्रत्येक प्राणी अपनी अपनी तरह से सुंदर है। शीतला माता की सवारी गदहा (कुछ लोग गधा भी बोलते हैं जो मुझे पसंद नहीं क्योंकि इससे उसके व्यक्तित्व का मात्रात्मक क्षय होता है) प्रकृति का शीतल प्रसाद है। इसाइयत में भी गदहे के अनेक मार्मिक प्रसंग हैं। बताया जाता है कि स्वयं जीसस इसी प्राणी पर आरूढ़ यरुशेलम में प्रविष्ट हुए थे। बताया तो यह भी जाता है कि क्लियोपेट्रा गधी के दुग्ध से स्नान करती थी। कुछ पंथों में पालतू गदहे का माँस वर्जित है। और लोग लगभग भूल गये हैं कि रावण के रथ में गदहे ही जुते होते थे। दुनिया की फ़ौजों में घुड़सवार दस्ता तो है, पर गर्दभ दस्ते के अभाव ने युद्धों को अन्तहीन बना डाला है।

अगले जन्म में मेरे सभी प्रिय मित्र इसी रूप में अवतरित हों। मुझे पिछले जन्म का अनुभव है। अभी भी मेरी दुलत्ती चलती है।

इस विषय पर लिखने का एक कारण यह भी है कि यह एकमात्र विषय है जिस पर लिखने से किसी की भावना आहत नहीं होगी। अस्तु।

कुछ लोककथाएँ

1.

एक समय की बात है। एक कोयल थी। वह बहुत मीठा गाती थी। कण्ठ खोल कर गाती थी। सब जानते कि आवाज किधर से आ रही है। पर कोई नहीं बता पाता कि वह ठीक कहाँ है। पूरा पेड़ ही गाता हुआ लगता। वह गाती और आम में नये पल्लव आते, जो कत्थई, लाल और हरे होते जाते। वह गाती और आम में मंजर आते। मंजर से सुगन्ध उठती। वह गाती और आम में टिकोले लगते। वह रुक रुक कर लगातार गाती। गान हर जगह था, पर गायिका नजर न आती। बच्चे आवाज में आवाज मिलाते, नक़ल करते। वह और भी टनक स्वर में गाती।

कुछ लोग ऐसे भी थे जिनको यह सब अच्छा नहीं लगता। वे कोयल के गाने से चिढ़ते। कहते, वह आधी रात को भी गाती है। नींद तोड़ देती है। वह आधी रात को काले अँधेरे में गाती। चाँदनी में गाती। धूप में गाती। पानी में गाती। कुछ लोग थे जिनको यह सब अच्छा नहीं लगता। कहते, शान्ति भंग हो रही है। व्यवस्था भंग हो रही है। कहते, राजा सो नहीं पाता। कोयल आधी रात को क्यों गाती है? यह अपशकुन है। या षड्यन्त्र।

और एक दिन बहेलियों को बुला कर उन्होंने कोयल को मार डाला। गाती हुई कोयल को मार डाला। और आग पर भून कर खा गये। लेकिन आवाज लगातार आ रही थी। कोयल भुन कर भी गा रही थी। कोयल राख बन कर भी गा रही थी। उन्होंने जल्दी जल्दी उसके कौर बनाए और भक्ष गए। लेकिन अब उनके भीतर से आवाज आ रही थी। कोई गा रहा था। वे जहाँ जाते एक गान उनका पीछा करता। उन्होंने वैद्य से लेकर ढेर सा पाचक खाया। पर आवाज पच नहीं रही थी। वे जब भी कुछ बोलने

को मुँह खोलते वही गान बाहर आ जाता। लगता उन्हें कोई अन्दर अन्दर खँखोर रहा है। सोना चाहते, नींद ज्यों ही आने को होती वही गान उन्हें उठा कर पलंग से नीचे पटक देता। वे राजा के पास गये। लेकिन राजा खुद बेहाल था। उसने भी एक बोटी खाई थी। वह बहुत बलवान और विशाल था। जैसे पहाड़ से झरने फूटते हैं वैसे ही उसके शरीर के रोंओं से कोयल का गान फूटता रहता और वह बलतोड़ की पीड़ा से मानों अंगारों पर नाच रहा था।

सारे सभासद त्राहि त्राहि कर रहे थे। अन्त में राजज्योतिषी को बुलाया गया। पहले उसने राजा से प्राणरक्षा का वचन लिया। फिर झुक कर बोला, राजन्! आप कोयल को मार सकते हैं, परन्तु गान को नहीं। अब आप कभी सो नहीं पाएँगे।

एक कोयल लगातार गा रही थी। वसन्त की ऋतु थी।

2.

एक समय की बात है। दशहरे का दिन था। नगर में खूब धूम थी। नगाड़े बज रहे थे। स्त्री पुरुष बच्चे नये नये परिधान में घूमने निकले। राजपथ के दोनों ओर दुकानें सजी थीं। खाने पीने से लेकर खिलौनों और तरह तरह के खेल तमाशों करतब और जादूगरी की। तरह तरह के रंगों की रोशनी के फव्वारे थे। सब मगन थे। तभी अचानक ख़ूब ज़ोर की बौछार पड़ने लगी। तेज, चोट करने वाली बौछार और अंधड़ भी आ गया। सबने जल्दी जल्दी अपने सामान समेटे। लेकिन मिट्टी के मूरतों की दुकान बारिश में गल गयी। सारे पुतले गल गये। रंग बह गये। और देखते देखते मिट्टी के सारे खिलौने फिर से मिट्टी बन गये। सात दिन सात रात लगातार पानी गिरता रहा। दिन और रात का भेद मिट गया, ऐसी बारिश थी।

सात दिन बाद सूरज उगा। ऐसी चमचम, पानी से धुली हुई धूप कि आँखें चौंधिया जातीं। लोग घरों से बाहर निकले। हवा और पानी ने बहुत कुछ बदल डाला था। लेकिन सबसे ज्यादा नुक़सान मूरतवाले का हुआ था।

तभी एक अचम्भा हुआ। जहाँ मूरतों की नुमाइश थी वहाँ एक अजूबा हुआ। लोगों ने देखा कि गली मिट्टी से वे सारी मूरतें उठने लगीं मानों भूमिगत हो गयी थीं। वे ही, वैसी ही मूरतें। आदमकद मूरतें। केवल उन पर रंग नहीं था। कोई लाठी लिए। कोई तिरछी हैट लगाए। कोई अचकन में गुलाब खोंसे। आज भी वे मूरतें वहाँ खड़ी हैं। लोग कहते हैं, शहीदों और ऋषियों की मूरतें हैं। केवल उन पर रंग नहीं है।

3.

किसी देश में एक राजा राज करता था। वह ईश्वर का अवतार था। प्रजा उससे बहुत डरती थी। वह जिस पर नाराज हो जाता उसके हाथ कान नाक कुछ भी कटवा लेता। और वह किसी भी बात पर नाराज़ हो सकता था। कहते हैं, एक आदमी से बस इसलिए नाराज़ हो गया कि उसने राजा के सामने जम्हाई ली थी। पूरा राज्य उसके डर से दहल रहा था। वह राजा नहीं, भूकम्प था।

लेकिन एक दिन क्या हुआ कि राजा अपने अस्तबल की सैर पर था और जैसे ही उसने अपने प्यारे घोड़े को सहलाने के लिए हाथ बढ़ाया कि उसे ज़ोर की पाद आ गयी। इतने ज़ोर की पाद कि घोड़ा हिनहिनाने लगा। राजा बहुत परेशान हुआ। इतना तै था कि घोड़े ने उसकी पाद सुन ली थी। तड़क भड़क वाली गुर्राती पाद—आख़िरकार वह राजा की पाद थी। राजा बहुत उदास हो गया। अब क्या होगा? घोड़ा साईस को बताएगा। साईस अपनी पत्नी को बताएगा। पत्नी अपनी सहेली को। सहेली अपने पति को। पति वेश्या को। वेश्या सबको। और कानोंकान यह बात पूरे राज्य में फैल जायेगी। तब क्या होगा? राजा ने मन्त्री से सलाह की। मन्त्री ने सुझाया, साईस को बुलाया जाये। साईस हाजिर हुआ। 'तूने कुछ सुना?', मन्त्री ने पूछा। साईस को बात मालूम थी, पर वह डर से चुप रहा। सिर्फ गर्दन हिलायी। लेकिन मन्त्री धूर्त था। समझ गया। और राजा के कान में कुछ फुसफुसाया। और साईस गायब हो गया। लेकिन डर था कि घोड़ा दूसरे घोड़ों, हाथियों, यहाँ तक कि टट्टुओं तक को बता देगा और इस तरह बात सारे जानवरों तक फैल जायेगी। खतरा यह भी था कि अगर लोग जान गए तो राजा कहीं का नहीं रहेगा। राजा भी पादता है, लोग कहेंगे। उसका रोब खत्म हो जायेगा। तब मन्त्री ने सलाह दी कि सारे जानवरों के साथ वही किया जाये जो साईस के साथ।

लेकिन तब तक बदबू पूरे देश में फैल चुकी थी।

4.

एक समय की बात है जब पूरी दुनिया में लोकतन्त्र था। दुनिया के सबसे बड़े लोकतन्त्र में एक दयालु राजा राज करता था। चारों तरफ अमन चैन था। रहजन लुटेरे छुट्टी पर चले गये थे। ताले थे, मगर केवल शोभा के लिए, हाथ के कंगन की तरह। लेकिन काल गति को कौन जानता है ! अचानक एक रात तख्ता-पलट हो गया और राजा रातोंरात देश छोड़ भाग गया और एक द्वितीय श्रेणी के लोकतन्त्र में शरण ली। उसकी पत्नी को नये राजा ने रख लिया। और उसके बेटे और बेटी पर भ्रष्टाचार का मुकदमा ठोंक दिया। तब गिरफ्तारी के डर से वे भी देश छोड़ कर भाग निकले और एक तीसरी श्रेणी के लोकतन्त्र में शरण ली। कुछ दिन बाद पहले राजा की मृत्यु हो गयी। मृत्यु सन्देहास्पद स्थिति में हुई। लेकिन विवाद का विषय यह बना कि उसे कहाँ दफनाया जाये। उसकी भूतपूर्व पत्नी और दूसरा राजा चाहता था कि शव एक ताबूत में सुरक्षित यहीं रखा जाये जहाँ का वह राजा रहा ताकि दुनिया जाने कि अभी का राजा कितना लोकतान्त्रिक है जो अपने शत्रुओं को भी राजकीय सम्मान के साथ दफनाता है। लेकिन उसके बेटा और बेटी चाहते थे कि उसे तीसरी श्रेणी के लोकतन्त्र में दफ्न किया जाये ताकि वे जीवन भर फूल चढ़ा सकें और गिरफ्तारी से भी बचे रहें। मामला इतना बढ़ा कि अन्तर्राष्ट्रीय अदालत में गया। वहाँ सर्वोच्च न्यायाधीश ने सब कुछ पर गौर करने के बाद एक अकाट्य प्रश्न किया–सब तो ठीक है, लेकिन स्वयं मृतक की क्या इच्छा थी? न्यायालय में सनाका मार गया। तब एक आदमी जो झूठी गवाही के लिए मशहूर था, उठा और बोला, हुज़ूर उनकी कोई इच्छा न थी न कोई वसीयत, उन्होंने कभी सोचा ही नहीं कि मरेंगे।

क़िस्सा गया वन में सोचो अपने मन में!

5.

एक समय की बात है। दुनिया के सबसे ताकतवर ग्यारह देशों के राजाओं का एक समूह बना जो मनोरम जगहों पर बैठकें करता और मजे लूटता। लेकिन एक बार एक राजा की नादानी से कुछ गफलत हो गयी। हाथ में चषक लिए उस राजा ने मेजबान राजा की पत्नी के साथ कोई बेजाँ हरकत कर दी। इस पर मेजबान राजा की भृकुटी तन गईं और दोनों देशों के बीच युद्ध छिड़ गया। रोज हजारों लोग खेत आते। हर घर से रोज़ एक जवान मौत का निवाला बनता। भारी तबाही मची। तब दोनों देशों की प्रजा ने मिलकर निवेदन किया कि युद्ध बन्द किया जाये और जो भी समस्या हो उसे दोनों राजा स्वयं अकेले द्वन्द्व युद्ध करके निपटा लें। इस तरह केवल एक व्यक्ति का ही खर्चा आयेगा और बाकी प्रजा बच जायेगी। और फिर यही हुआ।

कहते हैं, कुछ सिरफिरे पुन: वही द्वन्द्व युद्ध वाली व्यवस्था लाना चाहते हैं ताकि कोई युद्ध हो ही नहीं। और सारे मसले दो राजाओं के द्वन्द्व युद्ध से हल कर लिए जायें।

आपकी क्या राय है ?

6.

मरकत द्वीप पर एक राजा राज करता था। बहुत प्रतापी था। लेकिन एक दिन अचानक विद्रोह हो गया। प्रजा के कोप और तख्तापलट के डर से वो राजा एक बड़ा सूटकेस लिए हवाई अड्डे आ गया ताकि जो भी जहाज मिले, जहाँ का भी मिले, पकड़े और नौ दो ग्यारह हो जाये। पहुँचा और बेधड़क घुसने लगा। राजा ज़ो ठहरा। पर उसे सन्तरी ने रोक दिया। किसी तरह वहाँ से छूटा तो आव्रजन अधिकारी ने पासपोर्ट पर ठप्पा मारने से मना कर दिया। वहाँ से भी छूटा तो इतना भारी सूटकेस उठाए दूर तक चलना और सीढ़ियाँ चढ़ना मुश्किल लगा। पसीने छूट गये। उसने कुलियों को डाँटकर बुलाया। राजा जो ठहरा। लेकिन वे जस का तस खड़े रहे। राजा के आगे ये लोग क्या थे, कीड़े मकोड़े! लेकिन जरा भी डिगे नहीं।

तब राजा को लगा कि वह तभी तक राजा है जब तक प्रजा उसे राजा मानती है। नजर बदलते दुनिया का सबसे बड़ा राजा भी कुछ नहीं एक फटे सूटकेस के सिवा।

7.

एक बार की बात है। एक राजा था। वह बहुत विद्वान और सदाचारी था। एक दिन उसके मन में आया कि उसकी प्रजा सारी गालियाँ, अपशब्द, सारे गन्दे मुहावरे भूल जाये। इसके लिए जरूरी था कि गालियों, अपशब्दों, गन्दे मुहावरों का कोश बनाया जाये और उसे सब तक पहुँचा दिया जाये। जो कोई भी उन शब्दों का व्यवहार करे उसे सीधे सूली पर टाँग दिया जाये। वैयाकरण, भाषाविद्, तार्किक सब बुलाए गये और शब्दकोश तैयार हो गया। लेकिन वह शब्दकोश बहुत बहुत विशाल और मोटा बना, इतना मोटा कि एक आदमी से उठना मुश्किल। राजा हैरत में पड़ गया। पूछा, ऐसा कैसे? वैयाकरण बोले, ऐसा इसलिए कि ऐसा कोई शब्द नहीं जो गन्दा न हो। हर शब्द एक छिपी हुई गाली है। उदाहरणार्थ, जैसे ही आप 'सुन्दर' कहते हैं वैसे ही यह बात भी कहते हैं कि कुछ ऐसा भी है जो कि वह वही नहीं है, उल्टा है। ईमानदार होने के लिए भ्रष्ट का भी होना जरूरी है।

तब राजा ने हुक्म दिया कि अब से उसके राज में न कुछ बोला जाये न सुना जाये। भाषा मात्र पर प्रतिबन्ध। भाषा विद्रोह। बोलना विद्रोह।

8.

कलयुग की बात है। एक कूड़ा उठाने वाला आदमी था जिसके पास टूटी फूटी कूड़ा गाड़ी थी। प्रतिदिन की भाँति उस दिन भी वह मुँह अँधेरे निकल गया और एक तिराहे पर कूड़े का बड़ा ढेर देख फूला न समाया। नजदीक पहुँचा तो क्या देखता है कि कूड़े के शिखर पर दो चित्र हैं शीशे में मढ़े हुए जो दीमक और नमी से कट फट गये थे। लेकिन शीशे ठीकठाक थे। एकाध खरोंच और दरार भर थी। उसने सारा माल कूड़ा गाड़ी पर लादा और सीटियाँ बजाता चल पड़ा। सुबह का सुहाना समय था। कि अचानक सन्तरी ने रोका। इस चित्र को नहीं पहचानते? 'राजा के चित्र को कूड़ा गाड़ी में डाल दिया?' और वह गिरफ्तार हो गया। राजद्रोह के आरोप में गिरफ्तार हो गया। कूड़ा ढोना भी खतरनाक और क्रान्तिकारी कर्म हो सकता है, किसी ने सोचा न था।

कहते हैं, कूड़े के भी दिन फिरते हैं। पर आदमी का दिन कब बिगड़ जाये कोई नहीं जानता।

एक भक्त के निवेदन

(मृत्यु शैय्या से)

तुम्हें कब से पुकार रहा हूँ माँ मैं अकेला इस विशाल संसार में इतने इतने खड़े चलते पाँवों के बीच से रास्ता ढूँढ़ता मैं अनाथ। इस जगत में अपना कोई नहीं माता बस तेरी जल में विलीन होती स्मृति। उन सभी राहों पर चलता चलता मैं कहाँ नहीं गया तुम्हें पुकारता–चारों गलियाँ बंद होती गयीं, ऊँची नीची राहों पर बार बार पैर डिग जाते और मैं थक कर बैठ जाता। क्या मैं जीवन भर अकेला रहूँगा माँ? तुमने मेरा जो मुख पोंछा था भींगे आँचल से वह अभी भी सूखा नहीं है। अभी भी मेरी नाभि में तुम्हारी जड़ की गिरह है। मेहड़ा रिमझम बरस रहा है और तुम्हारे तन की सारी भींग रही है। यह भवसागर सूख जाएगा और मैं दौड़ता हुआ तुम्हारी गोद में आ गिरूँगा। थकूँगा नहीं। जैसे तुम हरि को पुकारती रही वैसे ही मैं भी तुम्हें पुकारता रहूँगा।

●

रात में कहाँ चले जाते हो प्रभु मुझे अकेला छोड़ इस वन में? सियारों के रोने से मेरी नींद खुली और मैंने हाथ से टटोला तुम नहीं थे। मैं डर गया। रात में अकेले मुझे डर लगता है।

अँधेरे से डर लगता है। दिन में बस उतनी ही वस्तुएँ होती हैं जितनी कि हैं, लेकिन रात में यह संसार कितना अथाह हो जाता है।रात के अँधेरे में इतनी आकृतियाँ भयावनी घेरने लगती हैं। और इतनी आवाजें, झपाटे, वृक्षों के हास, चीत्कार; अचानक किसी घर से मृत्यु का विलाप।मेरी देह ज्वर से गनगनाने लगती है। फिर पसीना गर्दन की धारियों में। और मैं डर जाता हूँ। तुम कहाँ चले जाते हो पिता मुझे अकेला छोड़ कर? बस तुम्हारे रोंयेदार वक्ष से सट सोता रहूँ और जब आँख खुले तो भोर हो,और तुम सिरहाने मेरा माथा सहलाते।

पिता! मेरे उज्ज्वल धवल पिता! कास वन की भोर

●

जब मैं मारा मारा फिरता था प्रभु तब की बात है एक दिन अकस्मात् वहाँ पहुँच गया जहाँ कहते हैं कभी सूरदास की कुटी थी आगरे से कुछ दूर यमुना के तट पर जो वहाँ वंशी की टेर सी बंकिम और सुरीली हो जाती हैं। कुटी तो अब नहीं है,एक सौध है और एक बहुत पुराना कुआँ जिसका जल सूर पीते थे ऐसा बताते हैं। कुआँ कबका सूख चुका है, तलहीन। यही तो होता है हर कुआँ सूख जाता है हर ताल में एक दिन धूर उड़ती है। लेकिन कविता का कुआँ कभी नहीं सूखता। कविता का कुआँ हमेशा जल से भरा रहता है, झमकता जल और श्याम घन। जितना बड़ा कवि उतना भरा गहरा कुआँ; उतनी ही अधिक नदियों का जल अन्दर ही अन्दर आ आ कर जुटता, दुनिया भर की नदियाँ झरने। पर डोरी तो चाहिए और डोल। और प्रभु डोरी ही हमेशा कम पड़ जाती है, और मेरी बाँहें भी तो छोटी हैं। मैंने उस तलहीन कूप को प्रणाम किया, कवि के जलपात्र को। हवा से गुँजित कुआँ सूर का निर्निमेष। अपराध क्षमा हो प्रभु! तुम सो गये?

●

प्रभो एक बात मानोगे? आज संध्या आरती के बाद तुरन्त बंद मत कर लेना कपाट। रखना खुला बाहर पूरा अँधेरा होने तक। वह आयेगी, हाँ हाँ वही कन्या दाड़िम फूल सी,पोखर वाले घर से। अकेले। आलता रचाए। मेखला से तन कसे। दीप स्तम्भ के स्थिर प्रकाश में चौवों पर खिंचती देह, तनती ग्रीवा, अधर स्फुट,पलकें उन्नत, स्तन अंकुरित, दाहिनी बाँह से लोलक पकड़ती। एक हिलकोर और हवा कौंधती। आज उस मुहूर्त को निमिष भर देख लूँ! मान जा प्रभो मैं प्रतिदिन बुहार दूँगा प्रांगण। वह भी तो तेरी दासी होगी दयामय, फूल लोढ़ती ओससिक्त।

●

भोलेनाथ, क्षमा कर दो इसे मेरी अर्द्धांगिनी को जिसने तुम्हारा व्रत सावन सोमवारी तोड़ दिया जो वह तब से करती आ रही है जब वह किशोरी थी। आज उसने छोड़ दिया बाबा। सम्भव नहीं था मेरी सेवा और व्रत एक साथ। मेरी तपती देह सँभालती सहवासिन साँस सी साथ साथ, हर करवट हर कराह पर अपनी देह से मुझे छाए हुए रात भर मेरा माथा अपने अंक में लिए ताकती एकटक कि जब तक जगी है वह यमपाश पास नहीं आएगा, ऐसे अनेक त्रिरात्र व्रत करती यह स्त्री वरारोहा मेरे लिए लड़ती रही मृत्यु से, सारे व्रत तोड़ कर। प्रेम से बड़ा कौन सा व्रत है? पाने से कठिन है प्राप्त को बचाना। क्षमा देवाधिदेव क्षमा–जीवन हेतु सब यमनियम व्यर्थ ।

•

प्रभो,पहले तो सोचता था किसी भाँति बच जाऊँ। तब एक घूँट हवा ही सबसे कीमती थी। सायकिल के पहिए भर हवा। और जब जी गया तब लगा अरे यह भी मेरा है वह भी मेरा और इतना जोड़ा कि उठाकर चलना भार हो गया। बचते ही भूल गया कि मर रहा था। सब कुछ छोड़ डाल से टूटता। अब हालत यह है कि दिनरात यही वासना रहती है कि कहीं कुछ मिल जाय कोई भला कह दे। यह कैसी तृष्णा है प्रभु,कैसी लिप्सा? साँस भर हवा को छोड़ हमें सब कुछ चाहिए। और तब अपनी ही साँस छोड़ती है साथ। प्रभु,तुमने मुझे अंक में भरा और मैं जी गया। ओ मेरे अश्वत्थ, ओ मेरे सघन वन, मैं एक छिन्न साँस मंडल की–बचा लो प्रभु,देह में रोप दो यह साँस!

•

तो क्या मैं जी जाऊँगा प्रभु
अपने गमछे से मेरा मुँह पोंछते रहो,
लगा ज्वर मुझे भस्म कर देगा
और यह गठरी बिखर जाएगी
बिखर जाएँगी खीलें,
पुआल के खुलते पूले सा मैं
बिखर रहा था तृण तृण
बचा लो प्रभु कुछ दिन और बस
जितने पहर सोया रहा बस उतने दिन और
क्योंकि वे रातें तो मैंने जानी ही नहीं
मेरे जीवन के बाहर की अनहोनी रातें—
अभी तो यह वृक्ष बहुत फल देगा प्रभु
बहुत बहुत साल!

●

नहीं प्रभु नहीं मैं किसी को कष्ट नहीं देना चाहता, जन परिजन हितू कुटुम्बी किसी को नहीं। उठा लेना एक रात नींद में और मैं झर जाऊँगा आधी रात महुआ के फूल की तरह। तूने मेरी ओर ताका और मैं अमर हो गया। तूने मेरा मस्तक सूँघा और मैं धान के लावे की तरह खिल पड़ा। किसी को कष्ट न हो, ढेले की तरह मुझे गला देना। कपूर की तरह उड़ा देना। बचे हुए जल की तरह।जैसे एक दाना छिंटक बाहर हो जाता है और चक्की चलती रहती है। वैसे वैसे

•

प्रभो, प्रभो नींद आ गयी? पंखा झल दूँ आराम मिलेगा। मेरी बाँहें भी अब उठ रही हैं, रक्त से देह सिंच रही है धीरे धीरे। साँस में बल आ रहा है। त्वचा तन रही है और पैर सीधा पड़ रहे हैं। ज्योति भी प्रखर है। तूने मुझ लिथड़ते हुए को उठा लिया। यह अकारण कृपा क्यों प्रभु इस दरिद्र दास पर, मैं न भी बचता तो क्या हो जाता जहाँ इतने इतने स्वस्थ लोग हैं जग को सुंदर बनाते। पर तुम तो सबसे दुर्बल के पक्षकार हो प्रभु। जो सबसे कमजोर है उसे भी तूने प्रेम की शक्ति दी है पिता और लौ का सौन्दर्य। लाओ तलवे सहला दूँ लावो।

●

नहीं प्रभु नहीं बस यूँ ही चला गया था पुराने मुहल्ले में देखा तुम सोये थे दायीं बाँह पर सिर धरे। दतवन और बाल्टी में जल चबूतरे पर रख कर। समाचार कुछ भी नहीं प्रभु क्योंकि कुछ भी नया नहीं। एक ही कर्ता एक ही नियंता एक ही किन्तु एक ही परन्तु; एक ही समाचार–मृत्यु! लोग बैठे रहते हैं हाथ पर हाथ धरे चौखट पर,कहाँ जाएँ क्या करें, लगता है हम भुखले मर जाएँगे। कहीं कोई देखनहार नहीं। कुछ करो प्रभु। कुछ करो। तुम भी तो बहुत घूमते हो। गरीबों पर तुम्हारा भी ध्यान नहीं। अरे यह वीणा किसकी है? नारद जी आये थे? कहाँ हैं? कुछ पता नहीं, कोई कहीं ले गया उन्हें। जो तीनों लोक धाँगता है उसके इस भूभाग में चलने पर रोक? लोकापवाद? परिवाद? अब यही होना रह गया था प्रभु? फिर भी तुम चबूतरे पर बैठे हो! क्या हमारा काम बस यही रह गया है प्रभु–गवाही देना वारदात के बाद?

●

कितना अच्छा लग रहा है प्रभु तेरे साथ इस कक्ष में सोना।खुली खिड़कियाँ द्वार चिक्कण प्रस्तर और इतनी साफ शीतल धवल चादर और रातरानी की गंध चाँदनी से सिक्त। धरती पर ऐसा भी स्थल है कैसे जानता। तूने इस अनाथ को घूरे से उठा लिया। पैर दबा दूँ प्रभु? मेरा तन इतना शांत क्यों है ज्यों पूर्णिमा की चाँदनी में धूल!

•

प्रभो मुझे किसी पुरातन मन्दिर का गरीब पुजारी बना दो घुटनों तक धोती कंधे पर गमछा। वहीं जीवन काट लूँगा चरण पखारता। आज हर कोई दुरदुराता है, मेरे ही आगे कुल्ले फचकारता तेरा नाम जपता खँखारता है–आगे बढ़।

ये कैसे भक्त हैं तेरे ऐसे धनपशु इतने हिंस्त्र? मैं हूँ न प्रभु,रोज पूरा प्रांगण धोऊँगा कीर्तन स्थल गोपुरम गर्भगृह रोज दो बार धोऊँगा प्रभु और वहीं ओसारे में सो रहूँगा। कनेल के पीले आर्द्र फूल तगड़ के श्वेत और उड़हुल के लाल लसीले फूल अर्पित करूँगा और कदली फल फुलवारी के। जो आरती में पड़ेगा सब तेरा होगा। वैसे पड़ेगा ही क्या, लोग इतने गरीब हैं इस गाँव के। मुझे कुछ भी नहीं चाहिए। मेरा प्रभु भी गरीब मैं भी गरीब ओ गरीबनवाज!

रख लो रख लो प्रभु। आचमन करके छोड़ देना मेरे लिए जरा सी जुठनियाँ।

●

चारों तरफ झूठ का ही बोलबाला
और सत्य के मुँह में पड़ा है छाला
क्या कहते हो प्रभु
न तो वंदना याद है न प्रार्थना न भजन के बोल न आरती के पद
डर लगता है प्रभु
हर सुबह आँख खोलते
हर दिन मुँह खोलते
हर रात सोते भी डर लगता है प्रभु वही पुराना डर
रात, अंधकार और हिंस्र पशुओं का भय
वही पुराना डर नरभक्षी दैत्यों का
यह इतना शोर कहाँ से आ रहा है प्रभु
हम तो इतने दूर शांत एकान्त में है
चारों तरफ हूह आवाजें लपलपातीं लगातार बढ़ती आ रही हैं
किसको तलाश रही हैं वो किसका खून लिखा है आज इस रात
मैं छिप जाऊँ प्रभु तुम्हारी पीठ के पीछे तुम मुझे बचा लो
मैं तो कुछ बोलता भी नहीं
फिर भी
म...

•

आज कवि कुलगुरु का दिन है प्रभु, बाहर खड़ाऊँ भींज रहा था झड़ी में जाने कब से, वे भक्त तज चले गये थे कहीं मृगया को। गमछे से पोंछ मुँह के भाप से सुखा रहा हूँ प्रभु। और तुम तो अगमजानी हो तुमसे क्या छिपाना–प्रमाद क्षमा–चपलतावश मैंने अँगूठा डाल दिया था प्रभु और चलना तो दूर खड़ा होते होते गिर पड़ा। फिर से धोया सुखाया और कान पकड़े।

आज्ञा हो तो सिरहाने रख लूँ प्रभु? इतने प्रांतरों पर्वतों नदी समुद्रों की गंध आती है रह रह और उन उँगलियों के उष्ण दाब हैं शेष। मैं कितना अक्षम निर्बल अल्पमति हूँ प्रभु! क्षमा क्षमा। मैं नंगे पाँव ही चल लूँगा

•

भगवान अपने कक्ष में मेरे लिए बिस्तर लगा रहे हैं।
थक गया तू जगे कितनी रात चलते–अब यहीं सो जा पाँव मोड़
यही है विश्राम तेरा

समय तो बहुत मिला तुझको और सुख भी
पर तूने केवल नाखून बढ़ाए
एक दृश्य ही देव काव्य का कितनी बार देखोगे
आ अब सोते हैं फिर से नव भव में जगने को

नहीं छोड़ूँगा नहीं–
जीने के श्रम का पसीना देह से सट कर रहता है
या ललाट या नाभि के कुंड में
वैसे ही रहूँगा जीवन के साथ।

•

फूल लाया हूँ बेलपत्र और धतूरे की दुंदुभि आशुतोष
तेरा ही मास है मासों में श्रेष्ठ
खोल दो जटा पी लूँ नहा ले सूखी देह
माँ पार्वती शक्ति दें
देख सकूँ चतुर्दिक फैलता कंठ का नील
वन्दे जगत: पितरौ

•

भगवान शंकरदेव आज इस पवित्र क्षेत्र में दूर गाँवों टोलों से आयीं स्त्रियाँ पुरुष
बच्चे इतने लोहित दुखों से भरे बैठे हैं
घन-प्रकाश में
तुम्हारे आशीष की मौन आशा में!
कितना दुख है फिर भी दौड़ रही है माँ खिलखिलाते बच्चे के पीछे
जो मध्य भाग में आ छिप गया तुम्हारी पीठ के पीछे
डर रही है माँ। प्रभु कोप तो नहीं करेंगे ?
नहीं, प्रभु तो गोद हैं हर बच्चे हर जीव का,
उसका भी जो अधम है सबसे—
आधार-भूमि हर भवन की ।

●

नींद आ रही है
अब मैं सो रहा हूँ
आतशी शीशे से गुजरी देह
अब ठहर रही है मुकाम पर
बाहर अंधकार है ठोस अंधकार
और ऐसी खामोशी साँस थमने की
मैं सो रहा हूँ
मेरी देह से फूट रही हैं इतनी जड़ें
मुझको मिट्टी में रोपतीं
यह जीवन ही तीर्थयात्रा है मेरी
यह देह ही हवन कुंड
सो रहा हूँ
समाप्त है लीला
समाप्त है रास
समाप्त सब अनुष्ठान
यह अन्तिम पिंडदान
इतना आर्द्र अंधकार और तुम्हारा उष्ण वक्ष
ऐसा निभृत एकान्त
अब मैं सो रहा हूँ।

आशीर्वाद

महाकवि तिरुवल्लवूर खड़े हैं हमें प्यार से तकते
उठाए वरद हस्त
धरती के अन्तिम शिला-बिन्दु से
उत्ताल तरंग की तरह
जीवन लंगर की तरह

जब तक जगा है कवि जीवन प्रहरी
रक्षित हैं हमारे घर
सुरक्षित हमारे बच्चे नींद में–
देखते रहो हमें अगोरते रहो हमारी भूमि
वहीं अपने आश्रम से
जहाँ धरती उतरती है सागर में
जहाँ सागरों के जल एक दूसरे में घोलते हैं अपने रंग
जहाँ सूर्य की पहली किरण पाती है पड़ाव तुम्हारे ललाट पर

हम तुमसे कुछ नहीं माँगते हे कवि
बस तुम रहो यहीं हमारे पास हवा धूप जल की तरह
और धान की बालियों में भरता रहे दूध
पकते चावल की भाप से भरा रहे घर
और सूखती रहें तट पर मछलियाँ;
तुम वैसे ही रहो जैसे द्वार पर पितामह, जैसे अश्वत्थ,
जिनसे हम कुछ नहीं चाहते

पर जिनके बिना कितनी सुनसान होगी दुनिया
बिना नग की अँगूठी बिना कोए की आँख

आशीष दो महाकवि !
मेरी गोद में सोए बच्चे का माथा सूँघ लो पिता !

□□